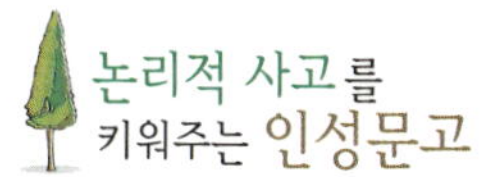

헐뜯기 마을 사람들

글 · 정영애 외

청소년인성문고편찬회

한 이불 속에서

아버지와 아들이
한 이불 속에
나란히 누웠습니다.

아버지는
아들 쪽으로 고개를 돌리고
눈 감은 아들 얼굴을
들여다봅니다.

"우리 강아지 건강하게 잘 커서
꼭 훌륭한 사람이 돼야지……."

아버지도
스르르 눈을 감습니다.

아들이
사르르 눈을 떠 봅니다.

아버지의 검은 얼굴에
턱수염이 솔처럼 길었습니다.

"공부 잘 하고 착한 사람 되어
아버지 마음 기쁘게 해 드려야지……."

아들도
가만히 눈을 감습니다.

엄 기 원

살아가는 지혜

두 아이가 있습니다.

'가'는 머리가 좋고 재주도 뛰어나 공부는 물론, 운동도 글짓기도 미술 솜씨도 1등입니다. 그래서 선생님으로부터 칭찬을 많이 받으니 아버지 어머니는 아들 자랑이 이만저만이 아닙니다. 하지만 '가'는 뭐든지 자기만 독차지하려 하고 남의 생각은 조금도 할 줄 모릅니다.

'나'는 별로 재주도 없고 공부도 보통입니다. 그저 자기가 맡은 일을 열심히 합니다. 그러면서 다른 사람의 일도 도와 줄 줄 압니다.

여러분은 앞의 두 사람 중 한 사람을 친구로 사귄다면 누구를 택하겠습니까? 아무래도 '가'보다는 '나' 쪽으로 마음이 쏠릴 것입니다. 왜 그럴까요? '나'는 '가'보다 공부를 못하고 재주가 부족해도 남과 더불어 살아갈 줄 아는 따뜻한 마음과 너그러운 행동, 즉 인간다운 성품을 지니고 있기 때문이지요.

이 책은 어린 시절부터 남과 더불어 살아가는 바른 마음과 행동을 길러 주는 데 꼭 필요한 '인성 교육 교재'입니다. 책에 실린 17가지 덕목의 내용을 잘 익히면서, 생각하고 실천하는 어린이가 되었으면 좋겠습니다.

지은이 씀

차 례

❈ 이 책을 읽는 여러분에게 ❈

이 책을 읽을 때는

첫째, 등장 인물의 성격을 생각해 보세요. 인물의 성격은 그의 행동과 말에서 미루어 짐작할 수 있어요.

둘째는, 인물이 왜 그런 행동을 하게 되었는지 그 원인과 결과를 생각해 보는 거예요.

셋째는, 이 글을 통하여 우리가 배울 점이 무엇인가 생각해 보는 거죠.

넷째는, 그 배울 점을 나는 어떻게 실천할까 계획을 세워 보는 거예요.

이 책을 세상에서 가장 귀한 책으로 만드는 것은 바로 어린이 여러분의 손에 달려 있어요.

이 책을 통해 우리 모두 아름다운 마음을 키워 가도록 해요.

술이 되어 나오는 샘

옛날 옛날 아주 오랜 옛날, 강원도 영월 땅에 홀시아버지를 모시고 살아가는 착한 며느리가 있었대요.

새댁은 시집 온 지 1년도 못 되어 신랑이 그만 몹쓸 병에 걸려 죽고 말았어요. 슬하에 아기도 하나 두지 못하고 죽었으니 얼마나 안타까운 일입니까?

시아버지는 새며느리를 불러 놓고 이렇게 말했어요.

"새아가야, 얼른 친정으로 돌아가거라. 아직 스무 살도

안 된 꽃다운 나이에 지아비를 잃었으니 어찌 여기서 그냥 살겠느냐? 더구나 아기도 낳지 않은 몸이니 어서 돌아가거라."

시아버지의 말에 며느리는 다소곳이 말했어요.

"아버님, 그런 말씀 마세요. 저는 한평생 아버님을 모시고 살아가겠습니다."

"네 뜻은 고맙다만, 안 된다. 더 늦기 전에 어서 다른 곳으로 시집을 가 살아라. 내 걱정 말고……."

"아니옵니다. 이 댁에 시집 온 몸이니 여기를 떠나지 않겠어요."

착한 며느리는 시아버지의 간곡한 부탁도 마다하고 시댁을 떠나지 않았어요.

집안이 몹시 가난하여 늙은 시아버지와 젊은 며느리는 남의 집 일을 해 주고 겨우겨우 입에 풀칠을 하며 살아갔어요.

그러던 어느 날, 갑자기 시아버지가 병환으로 자리에 눕고 말았어요. 그러자 착한 며느리는 온갖 정성을 다해 시아버지 병 간호를 해 드렸어요.

"아버님, 일어나 약을 드십시오."

“애야, 땅 한 마지기 없는 우리 형편에 무슨 약이란 말
이냐?”
시아버지는 며느리가 달여 주는 약을 받아 마시기가 미안
했어요.
“아버님, 병환으로 몸이 몹시 쇠약해지신 것 같습니다.

뭐 드시고 싶은 음식이라도……."

"애야, 지금은 시원한 막걸리가 한 사발 마시고 싶구나."

이 말을 듣고 며느리는 시집 올 때 해 가지고 온 패물을 팔아 시아버지께 약주를 사다 대접해 드렸어요.

병석에서 일어나 술을 벌컥벌컥 들이킨 시아버지는 거짓말처럼 병이 나았어요. 그 뒤에도 시아버지는 술을 자주 찾았어요.

며느리는 그 때마다 몸에 지니고 있던 값진 패물을 모두 팔아 시아버지께 약주를 대접했어요. 하지만, 술로 나은 병이라 술 기운만 떨어지면 시아버지는 또다시 자리에 눕고 마는 것이었어요.

착한 며느리는 마지막으로 자기의 긴 머리카락까지 잘라 팔아서 시아버지께 술을 사다 드렸어요.

술기운으로 지탱하던 시아버지는 자리에 누우면서 다시 헛소리를 하는 것이었어요.

"술, 술, 술을 좀 다오."

며느리는 더 이상 팔 물건도 없고, 시아버지께 술을 사드릴 수도 없게 되었어요.

보름달이 휘영청 밝은 밤에 며느리는 뒤뜰 늙은 감나

무 밑에 정화수를 떠 놓고 절을 하며 신령님께 빌었어요.

"천지 신명께 비나이다. 저희 시아버님 병환을 고쳐 주시옵소서. 제가 가진 모든 것을 다 팔아 시아버님 약을 지어 드려서 이제는 가진 것이라곤 아무것도 없습니다. 제발 신령님께서 굽어 살펴 주시옵소서."

착한 며느리는 이렇게 엎드려 빌다가 자기도 모르게 홀연히 잠이 들었어요.

그 때 며느리의 꿈 속에 머리와 수염이 하얀 신령님이 나타났어요.

"허허, 너는 이 세상에 보기 드문 효부로구나. 너의 정성이 지극하여 내가 네 시아버지 병을 고쳐 주겠다. 지금 곧 일어나 뒷산 범골 깊은 골짜기에 가면 옹달샘이 있을 것이다. 그 물을 길어다가 시아버님께 드리도록 해라."

깜짝 놀라 잠에서 깨어난 며느리는 그 길로 물동이를 이고 신령님이 가르쳐 준 옹달샘을 찾아갔어요.

'아, 신령님께서 가르쳐 주신 샘물이로구나!'

며느리는 너무너무 기뻐하면서 그 옹달샘 물을 한 동이 길어 가지고 돌아왔어요.

💙 시아버지는 왜 며느리를 친정으로 돌려 보내려 했나요?

그리고 그 시원한 샘물 한 그릇을 떠다 시아버지께
드렸어요.
"아버님, 이 샘물을 드십시오."
시아버지는 샘물 한 대접을 단숨에 마셨어요.
그런데 놀랍게도 그건 샘물이 아니라 술이었어요.
"애, 며늘아가! 이건 샘물이 아니라 술이로구나! 내 생
전에 이렇게 맛 좋은 술은 처음 먹는구나."

시아버지는 그 이상한 샘물을 마시는 날부터 자리에서 일어나 기운을 되찾고 열심히 일을 하게 되었어요.

산신령이 알려 준 그 샘물이 이 노인에게는 술이 되어 주는 것이었어요.

효성이 지극한 며느리와 늙은 시아버지는 오래오래 행복하게 살았대요.

지금 강원도 영월에 주천이란 고장이 있는데, 이름을 술 주 자, 샘 천 자, '주천 (酒泉)'이라고 부르는 유래가 그렇게 생겼다고 합니다.

♥ 시아버지의 병환을 고치기 위하여 며느리는 어떻게 했나요?

부모님의 마음을 기쁘고 편안하게 해 드리는 것을 '효도'라고 합니다. 부모님께 돈을 많이 드리는 것보다 마음을 기쁘게 해 드리도록 노력해야 하겠습니다.

친구를 위하는 루소의 마음씨

프랑스의 천재 화가 밀레는 '만종', '이삭줍기', '양 치는 소녀', '종 치는 사람' 등 수많은 명화를 세상에 남겼습니다. 그러나 그도 젊은 시절에는 몹시 가난하게 살았다고 합니다.

돈이 떨어져 끼니를 거르는 때도 많았고, 전찻삯이 없어서 꽤 먼 길을 걸어다닌 적도 한두 번이 아니었습니다.

그럴 수밖에 없는 것이, 밀레라는 화가의 이름이 아직

세상에 알려지지 않았던 때였으니까요. 게다가 첫 번째 아내가 죽어 한동안 실의에 빠지기도 했습니다.

그 후 그는 두 번째 아내를 맞이하였습니다. 그러나 그의 생활은 늘 가난했습니다. 이름 없는 화가의 수입으로는 여러 아이들의 끼니를 잇는 것도 힘들었습니다.

'허허, 그림은 팔리지도 않고, 돈을 꿀 데도 없고……'

밀레의 걱정은 태산 같았습니다.

그러던 어느 해 겨울이었습니다. 정말 밀레의 집은 빵을 구울 밀가루도, 난로에 불을 지필 땔감도 없었습니다.

많은 식구들은 허기를 참으며 불기 없는 냉방에서 등을 맞대고 몸을 오들오들 떨며 밤을 새워야 하는 형편이었습니다.

바로 이럴 즈음, 밀레의 친구 루소가 느닷없이 그를 찾아왔습니다.

"밀레, 내가 왔네."

"아니, 루소? 자네가 이 누추한 우리 집을 찾아오다니!"

워낙 못 사는 집에 친구가 불쑥 찾아오자, 밀레는 반갑기보다는 당황스럽기만 했습니다.

당시 루소는 젊은 화가로서 꽤 많은 인기를 얻고 있었

💙 밀레가 아직 이름이 알려지기 전의 생활형편은
어떠 했나요?

습니다.

루소는 밀레의 손을 잡으며 이렇게 말했습니다.

"밀레! 기뻐하게. 자네의 그림을 사겠다는 미국인이 나타났다네."

"루소! 그게 정말인가?"

"정말이고말고. 이걸 보게나."

"아니, 그림도 안 보고 돈을……."

"그림을 사겠다는 미국인한테서 미리 받은 그림값일세. 그림의 선택도 나에게 부탁했다네. 실은 오늘 함께 올 예정이었는데, 사업상 급한 일이 생겨서 아침 일찍 런던으로 떠났어. 떠나면서 내게 돈을 맡기더군."

루소는 이렇게 말하면서 큰 주머니 속에서 3백 프랑의 돈을 꺼내 밀레에게 건네 주었습니다.

참으로 꿈 같은 일이었습니다. 그 동안 가난에 찌들었던 밀레의 얼굴에 생기가 돌았습니다. 밀레는 루소의 손을 잡고 몇 번을 감격해 말했습니다.

"고맙네, 루소! 정말 고마워. 이제 우리 식구는 추운 겨울을 면하게 되었네그려."

"그래. 나도 마음 흐뭇하다네."

“자, 그럼 이리 오게. 어서 자네 마음에 드는 그림을 고르게.”

“고르고말고 할 게 뭔가? 이 사람아, 난 자네 그림이라면 눈 감고도 알 수 있지 않나?”

“그래도 자네가 가장 마음에 드는 걸 골라 줘야지. 나는 자네 덕분에 큰 부자가 된 기분일세.”

“그 무슨 괜한 소리! 난 그저 중간에서 심부름하는 것뿐이라네. 3백 프랑으론 좀 헐하다고 할지 모르겠지만 ‘접목하는 농부’ 저 그림으로 하면 어떨까?”

루소는 밀레가 그려 놓은 그림 가운데 하나를 가리켰습니다.

“그거 좋지. 하지만 내가 그림을 너무 비싸게 파는 것 같은데.”

밀레는 얼굴에서 기쁨을 감추지 못하였습니다. 밀레는 그림에 자신의 사인을 한 다음 조심스레 루소의 손에 넘겨 주었습니다.

“자, 그럼 나는 가네.”

“루소, 정말 고맙네.”

루소는 밀레의 그림을 안고 기분 좋게 휘파람을 불며

그 곳을 떠났습니다.

그러나 사실 그 그림을 사 간 것은 미국인이 아니라 루소 자신이었습니다.

루소는 친구의 가난을 보다 못해 도와 주고 싶었습니다. 하지만 밀레의 기분과 자존심을 상하게 하고 싶지 않았습니다. 그래서 궁리 끝에 감쪽같이 연극을 꾸민 것입니다.

참으로 루소의 따뜻한 우정을 엿볼 수 있습니다.

♥ 루소가 그림값을 제 돈으로 내면서 왜 밀레에게는 속였을까요?

우 의

친구와의 따뜻한 우정을 '우의'라고 합니다. 주위에 좋은 벗을 많이 사귄다는 것은 돈보다 값진 재산을 갖는 것이나 마찬가지입니다.

명언 한 마디! 

어려울 때 친구가 진정한 친구다.

친구 사이에는 선물을 주고받는 의리가 있습니다. 그러나 다정한 친구 사이에도 분명히 가려야 할 것이 있고 지켜야 할 예절이 있습니다. 친구를 돕는다고 무조건 상대방의 처지나 자존심은 생각지 않고 무조건 돕는 것도 진정한 우정이라고는 할 수 없습니다. 진정한 우정은 서로를 아끼는 마음에서 우러나와야 합니다.

소녀의 고백

'피아노의 시인'이라 널리 알려진 리스트가 독일의 한 작은 시골 마을을 여행하고 있을 때였습니다. 마을 음악 회장의 확성기에서 요란한 소리가 들렸습니다.

"여러분! 저는 헝가리의 유명한 피아니스트 리스트 선생의 수제자입니다."

'수제자'란 여러 제자 중에서도 으뜸 가는 제자란 뜻입니다.

마을 사람들은 깜짝 놀랐습니다.

"아니, 그 유명한 리스트 선생의 제자가 이런 작은 시골까지 와서 연주를 하다니……."

순박한 시골 사람들은 웬 소녀가 나타나 리스트의 제자라고 하니까, 호기심을 가지고 여기저기서 모여들었습니다.

소녀는 리스트의 얼굴조차 본 적이 없었지만, 너무나 가난하여 조금이나마 돈벌이를 위해 유명한 음악가의 이름을 팔고 다녔습니다. 리스트의 이름을 들먹여야 청중들을 모이게 할 수 있었으니까요.

소녀는 피아노를 열심히 연주했습니다. 하지만, 늘 마음 속으로는 리스트의 이름을 팔고 다니는 데 대해 죄책감을 가지고 있었습니다.

그 날도 소녀는 시골 음악회장을 빌려서 리스트의 제자가 연주하게 되었다고 온 동네를 돌아다니며 선전하였습니다.

그런데 웬 노인이 그 소녀에게 다가와서 다정스런 얼굴로 물었습니다.

"아가씨가 정말 리스트 선생의 제자요?"

♥ 이름 없는 소녀가 왜 리스트의 제자인 것처럼
행세하고 돌아다녔나요?

노인의 물음에 소녀는 태연스럽게 말했습니다.

"그렇구말구요. 그런데 무엇 때문에……."

"사실은 리스트 선생께서 지금 우리 집에 묵고 계시거든요. 그걸 알려 주려고요."

그 순간 소녀는 깜짝 놀랐습니다.

그 유명한 리스트가 이런 시골 구석에 와 있으리라고는 상상도 못 했기 때문이지요.

소녀는 놀라서 어쩔 줄 몰랐습니다.

그러나 노인은 소녀가 스승을 뜻밖의 장소에서 만나게 되어 너무 기뻐서 그러는가 보다고 생각하였습니다.

노인은 자기 집을 알려 주고 돌아갔습니다.

소녀는 노인과 헤어진 후, 걱정이 되어 견딜 수가 없었습니다.

'이 일을 어쩌지? 죽을 죄를 지었으니까, 찾아가 용서를 비는 게 마땅하지.'

이렇게 마음먹은 소녀는 그 길로 리스트가 묵고 있는 노인의 집을 찾아갔습니다. 소녀는 리스트 앞에 다가가 말했습니다.

"선생님! 선생님이 그 유명한 페렌츠 리스트 선생님이

십니까?"

"그렇습니다만……."

"선생님! 용서해 주십시오. 저는 선생님께 큰 죄를 지었습니다."

소녀는 리스트 앞에 꿇어 엎드렸습니다. 그리고 울면서 말했습니다.

♥ 소녀의 정직한 마음이 나타난 장면을 말해 봅시다.

"아가씨, 무슨 일로 내게 죄를 지었다는 거요? 자세히 말해 봐요."

"사실 저는 시골을 떠돌아다니며 연주를 하고 있는 뜨내기 피아니스트입니다. 그런데 아무리 시골 구석이라고는 하나 저 같은 이름 없는 소녀의 연주를 누가 들으러 오겠습니까? 그래서 생각다 못해 선생님 이름을 팔게 되었습니다. 흑흑…… 병든 아버지와 어린 동생들을 먹여 살리기 위해 이런 죄를 저질렀습니다."

"어떻게 내 이름을 팔았지?"

"제가 선생님의 가르침을 받은 제자라고 거짓 선전을 하고 돌아다녔습니다."

리스트는 깜짝 놀라는 눈치였습니다.

그러나 다시 소녀의 말에 귀를 기울였습니다. 소녀는 눈물을 흘리며 계속 말을 이었습니다.

"그러면 많은 사람들이 모여들곤 하였습니다. 그래서 저는 가는 곳마다 선생님의 제자라고 선전하였습니다. 선생님, 제발 용서해 주십시오."

소녀는 눈물을 흘리며 잘못을 빌었습니다.

리스트는 소녀가 몹시 불쌍해졌습니다.

잠시 눈을 감고 생각에 잠겼던 리스트가 소녀에게 조용히 말했습니다.

"자, 그만 눈물을 거두고 내 말을 들어요. 이제부터 내 제자가 되는 것을 허락하지. 어디 한번 연주 좀 들어 볼까?"

"선생님, 그게 정말이세요? 저를 선생님 제자로 허락해 주신다고요! 선생님, 감사합니다."

소녀는 눈물을 거두고 그 자리에서 연주를 하였습니다. 리스트는 조용히 소녀의 피아노 연주를 들었습니다. 연주를 듣고 난 리스트가 소녀에게 말했습니다.

"그만하면 됐어요. 오늘부터 정말 이 리스트의 제자가 되었소. 오늘 저녁에는 내가 직접 찬조 출연할 테니, 모든 사람에게 나의 출연을 알려요. 아마 오늘 연주회 수입은 제법 늘어나리라 믿어요."

"선생님, 감사합니다. 이 은혜는……."

소녀는 리스트의 넓은 아량과 고마운 마음씨에 흘러내 리는 눈물을 감출 수가 없었습니다.

💙 리스트의 훌륭한 점, 본받고 싶은 점이 나타난 장면은 어디인가요?

거짓 없는 솔직한 마음을 '정직'이라고 합니다. 남에게 거짓말을 했거나 잘못을 저질렀을 때, 그것을 솔직하게 말하고 용서를 구하는 마음을 길러야겠습니다.

사장님과 수위 할아버지

어떤 회사에서 수위를 한 사람 뽑게 되었습니다. 그래서 신문과 방송에 널리 광고를 하자, 많은 사람들이 원서를 냈습니다.

그 회사의 인사부장은 수십 명 중에서 특별히 가려 낸 다섯 사람의 원서를 사장님께 올렸습니다.

"사장님, 여기 우선 다섯 명을 추려 보았습니다. 그 사람들의 원서입니다."

“그래요? 어디 좀 봅시다.”

사장님은 마침내 다섯 사람의 후보를 한 사람 한 사람 불러 면접을 하게 되었습니다.

사장님은 그 사람들의 행동을 살펴보기 위하여 미리 문 앞에 휴지 조각을 떨어뜨려 놓았습니다.

“첫 번째 후보, 들어오세요.”

문이 열리며 첫 번째 사람이 사장실에 들어섰습니다. 그는 떨어진 휴지를 그냥 밟고 들어와 사장님 앞에 냉큼 앉는 것이었습니다.

사장님은 웃는 얼굴로 물어 보았습니다.

“왜 우리 회사에 들어오려고 하십니까?”

“다른 회사보다 월급을 많이 준다기에…….”

“네, 알았습니다. 나가 보십시오.”

사장님은 딱 한 마디밖에 물어 보지 않았습니다.

두 번째 사람을 불러들였습니다.

그는 휴지를 보고 뛰어넘듯 피하여 사장님 앞에 앉았습니다.

“우리 회사에서 일하려는 까닭이 무엇입니까?”

“다른 회사보다 늦게 나와 일찍 퇴근한다기에 지원했

습니다.”

“네. 잘 알았습니다. 나가 보시지요.”

사장님은 이 사람도 한 마디만 물어 보고 내보냈습니다.

세 번째 사람을 또 불렀습니다.

그 사람은 좀 덤벙대는 젊은이인가 봐요. 휴지가 떨어져 있는 것조차 모르고 부리나케 사장님 앞에 다가와 앉았습니다.

“젊은이는 어찌하여 우리 회사를 지원하게 되었나요? 더구나 대단치도 않은 수위 자린데……”

♥ 사장님이 수위를 뽑기 위해 한 사람씩 면접할 때 어떤 일을 만들어 놓았나요?

사장님의 질문에 젊은이가 대답했습니다.

"수위로 좀 있으면 누구나 다른 자리로 옮겨 준다는 소문을 듣고 왔습니다. 사장님께서 지금까지 그렇게 하셨다면서요?"

"네, 그랬었지요."

사장님은 빙그레 웃으면서 그 젊은이도 내보냈습니다.

'인사부에서 추리고 추렸다는 사람들이 어째서 이렇단 말인가?'

사장님은 혼자 중얼거리며 마음 속으로 걱정을 하였습니다. 그러면서 다음 사람을 들어오라고 했습니다.

네 번째 사람은 발 밑에 떨어져 있는 휴지를 발로 툭 차 버리는 것이었습니다. 자리에 앉은 젊은이에게 사장님이 말했습니다.

"젊은이는 보아 하니, 우리 회사 수위 자리와 전혀 어울리지 않겠는데……."

"물론입니다. 다른 일자리를 구할 때까지만 임시로 있을 작정입니다."

젊은이의 태도는 당당했습니다.

"그래야지요. 젊디젊은 사람이……."

네 사람의 면접을 마친 사장님은 더욱 걱정이 되었습니다. 입에서는 절로 한숨이 새어 나왔습니다.

'지원자가 수십 명이라도 수위 한 사람 찾을 수 없으니 어찌하면 좋을꼬?'

사장님은 크게 낙심하면서 마지막 남은 한 사람을 불러들였습니다.

문을 조용히 열고 들어온 사람은 뜻밖에도 머리가 하얗게

센 노인이었습니다. 순간 사장님은 깜짝 놀랐습니다. 아버지뻘도 더 되어 뵈는 노인이었으니까요.

노인은 문 안으로 들어서자, 발 밑에 떨어져 있는 휴지 조각을 얼른 집어 휴지통에 넣었습니다. 그리고는 사장님 앞에 공손히 인사를 했습니다.

젊은 사장님은 반쯤 일어나 노인에게 의자를 권했습니다.

"여기 앉으십시오."

"네, 감사합니다."

"연세 많으신 어르신이 어떻게 힘든 수위 일을 하실 수 있겠습니까?"

"늙었다곤 하지만 아직 얼마든지 일을 할 수 있습니다. 사장님께서 허락만 해 주신다면 수위 일을 성실하게 해 나가겠습니다."

"정말 건강이 허락되실는지요?"

"환갑을 지낸 지는 몇 해 되었지만 지금도 아침마다 냉수 마찰을 하고 있습니다."

"그럼, 내일 이력서를 한 통 써 가지고 나오십시오."

"감사합니다, 사장님!"

다섯 번째 면접을 마친 사장님은 그제서야 마음이 흐뭇했습니다.

‘그래, 믿음이 가는 분이야. 수위 일을 잘 해 내실 거야.’

다음 날 아침, 회사의 조회 시간이었습니다.

사장님은 새로 온 수위를 직원들에게 소개하였습니다.

“여러분! 우리 회사의 수위직을 맡아 볼 새 직원을 소개합니다. 성함은 장근면 씨.”

그러자 젊은 직원들이 여기저기서 불만스러운 얼굴로 수군거렸습니다.

“사장님도 참 이상하셔. 그 숱한 젊은이를 다 물리치고 저렇게 머리 허연 늙은이를 수위로 뽑는담?”

“글쎄 말야. 회사가 뭐 양로원인가?”

하지만 장근면 할아버지가 수위로 들어온 날부터 이 회사는 달라지기 시작하였습니다.

직원들은 자신들이 늙었다고 업신여겼던 수위 할아버지가 젊은이보다 더 건강하게 열심히 일하는 모습을 보았습니다. 그리고 겸손하고 예의바른 태도에 감동을 받고 수위 할아버지의 생활 태도를 본받게 되었습니다.

💙 사장님이 다섯 번째 사람을 회사 수위로 뽑게 된 가장 큰 이유는 무엇인가요?

남을 믿고 의지하는 것을 '신뢰'라고 합니다. 부모는 아들딸을 , 아들딸은 부모를 믿고 살아갈 때 행복해집니다. 그만큼 우리가 살아가는 데는 '신뢰' 가 중요합니다.

명언 한 마디!

'인(仁)'이란 그 자체이며, 다른 사람을 사랑하는 것이다.

- 경행록 -

'인(仁)'이란 사람의 어진 마음씨를 가리킵니다. 성실하게 살아가는 사람에게는 모든 이들이 존경의 마음을 가집니다. 성실한 생활에서 다른 사람의 신뢰를 얻게 되기 때문이지요. 그러므로 우리는 항상 자신의 생활을 성실하게 꾸려 나가야 하겠습니다.

짠순이와 구두쇠

여러분이 좋아하는 인기 탤런트 최진실 씨의 별명이 무엇인지 아십니까? '짠순이'랍니다.

최진실 씨는 아주 소문난 구두쇠랍니다. 아이 엠 에프(IMF) 시대라고 해서 특별히 새롭게 절약하고 아낀 것도 아닙니다. 왜냐 하면 그는 초등 학교 때부터 어른이 된 지금까지 워낙 절약 생활을 해 왔기 때문이지요.

최진실 씨는 우선 외식을 절대로 하지 않는답니다.

보통 사람들은 밖에 나가 일할 때, 음식점을 찾아가 점심을 사 먹기가 일쑤입니다. 그러나 최진실 씨는 웬만한 것들은 손수 집에서 챙겨 가지고 나옵니다.

외국에 촬영하러 나갈 때는 쌀, 라면, 고추장, 된장, 멸치, 김치 등을 한 보따리씩 싸 가지고 다닌다고 합니다.

최진실 씨의 취미 생활은 어떨까요?

남들이 즐겨하는 골프나 스키 같은 것이 아닙니다. 그런 것을 즐기려면 돈도 많이 들고, 거기에 걸맞게 모든 게 고급스러워야 하니까요.

그는 집에서 맛있는 요리를 하고 조용히 음악 감상하는 것이 취미랍니다. 그리고 건강을 위해서 자전거타기와 수영을 즐긴다고 합니다.

최진실 씨는 몸에 걸치는 옷부터 짠순이로 소문나 있습니다.

그에게는 값비싼 옷이나 장신구는 하나도 없답니다. 옷은 보통 동대문 시장이나 남대문 시장에서 파는 몇천 원짜리 싸구려를 사 입습니다. 목걸이나 귀고리 같은 것도 길거리에서 아주 값싼 것을 사서 이용한다고 합니다.

그러나 아무리 싸구려라 하더라도 최진실 씨가 걸치거나

♥ 최진실씨의 절약 생활을 4 가지만 적어 봅시다.

몸에 지니기만 하면 사람들은 아주 값비싼 고급 물건인 줄로 생각한답니다. 그래서 보잘것 없는 물건이지만 그가 목에 걸고 다니면 비슷한 물건이 '최진실 목걸이'로 날개가 돋칩니다. 또 귀에 달고 다니면 그와 비슷한 것이 '최진실 귀고리'로 젊은 여성들 사이에 대유행이 되곤 한답니다. 그만큼 최진실 씨는 사치를 멀리하는 검소한 생활인이지요.

최진실 씨는 우리 나라의 최고 인기 배우이자 탤런트입니다. 그러니 그의 지갑 속에는 항상 돈이 두둑하게 들어 있겠지요. 하지만 천만의 말씀입니다. 그의 지갑 속에는 보통 천 원짜리 몇 장과 만 원짜리 한두 장이 들어 있을 뿐이라고 합니다. 이렇게 검소하고 알뜰한 짠순이로 저축 표창도 받았답니다.

평소의 최진실 씨 생활은 그렇게 구두쇠요 짠순이지만, 정말 돈을 써야 할 곳에서는 남들이 놀랄 정도로 큰 돈을 시원스럽고 기분 좋게 낸다고 하는군요. 이 얼마나 멋진 미인의 모습인가요.

예를 들면 가난한 이웃이나 불쌍한 일을 당한 사람들을 보면 최진실 씨는 아낌없이 돈을 기부한다고 합니다.

일본에서는 구두쇠를 소개하는 텔레비전 프로그램이 큰 인기라고 합니다.

이 프로그램에 소개된 스물한 살의 젊은 여성 와카우메 사유리도 대단한 짠순이라고 합니다.

사유리는 아침에 잠자리에서 일어나면 제일 먼저 장갑과 털모자를 벗습니다.

추위를 견디기 위해 간밤에 잘 때 손에 장갑을 끼고 머리에 털모자를 쓰고 자는 때문이지요.

두 평 남짓한 독신자 아파트에 난방 히터가 있기는 합니다. 하지만 난방비를 아끼느라 그는 히터를 켜는 일이 거의 없답니다.

세수는 찬물로 하고, 아침 식사는 구멍가게에서 사다 놓은 싸구려 빵과 냉수 한 컵으로 때우는 날이 허다하다고 합니다.

그는 날마다 한 시간씩 걸어서 출퇴근하는 억척스런 아가씨입니다.

아침 8시, 와카우메 사유리는 1백 엔짜리 동전 두 닢만 달랑 지갑에 넣고 아파트를 나섭니다. 이렇게 나서는 까닭은 집으로 돌아올 때까지 단 한 푼도 쓰지 않을 생각

에서지요. 동전 두 닢은 급할 때 전철 요금으로 챙겨 두
는 비상금이랍니다. 정말 대단한 구두쇠이지요?
 그가 오전 9시부터 오후 2시까지 일하는 일터는 도쿄

신주쿠 역 근처에 있는 만화 가게입니다. 그리고 오후 3시부터 밤 10시까지는 일본 전통 음식점에서 일합니다.

이 곳에서 종업원들에게 무료로 먹도록 되어 있는 저녁 식사가 와카우메 사유리에게는 영양을 보충할 수 있는 유일한 식사 시간입니다.

와카우메 사유리는 결코 극빈자가 아니랍니다. 절약 생활이 몸에 배어 있는 일본 어디서나 볼 수 있는 구두쇠일 뿐입니다.

우리 나라의 최진실 씨와 일본의 와카우메 사유리의 근검 절약하는 생활 태도는 서로 다른 점이 있기는 합니다. 그러나 그들의 절약 정신만은 우리에게 큰 교훈을 주고 있습니다.

💙 일본의 와카우메 사유리는 저녁 식사를 어떻게 하고 있나요?

'절약'이란, 생활에 필요한 모든 물건과 돈을 아끼는 것을 말합니다. 절약은 우리의 살림을 넉넉하게 하는 지름길입니다.

야구 선수 박찬호

우리 나라 사람으로는 처음으로 미국 프로 야구 '메이저 리그' 선수가 된 박찬호!

박찬호 선수가 미국에서 세계적인 야구 선수로 이름을 떨치게 된 것은 결코 우연한 일이라고 말할 수는 없습니다.

그는 초등 학교 때부터 남다른 인내심, 즉 참고 견디는 힘을 길러 왔다고 합니다.

바꿔 말하면, 그의 승리와 영광의 뒤안길에는 남모르게 흘렸던 땀과 눈물이 있었다고 합니다.

충청 남도 공주의 한 전파사 가게의 아들 박찬호는 공주 중동 초등 학교 3학년 때부터 육상을 시작했습니다.

그런데 어느 날 우연히 찬호의 소질을 눈여겨본 야구 감독이,

"넌 육상보다 야구를 한번 해 보는 게 나을 것 같구나."

하고 야구를 권했습니다.

한 가지를 좋아하면 거기에 푹 빠지고 마는 성격의 박찬호는 한밤중에 옥상에 올라가 밤 깊도록 야구 방망이를 휘두르다가 그대로 잠이 들기도 하였습니다.

박찬호는 초등 학교 시절 공부도 남달리 잘 했기 때문에 부모님은,

"찬호야, 넌 공부도 잘 하잖니? 운동 선수보다는 의사나 변호사가 되었으면 좋겠다."

하며 아들이 직업 운동 선수가 되는 것을 반대하였습니다. 하지만 박찬호는 당당히 부모님께 말했습니다.

"전 꼭 훌륭한 야구 선수가 될래요."

사실 박찬호는 대단한 고집쟁이였기 때문에 부모님도

💙 박찬호는 언제 어떻게 하여 야구를 배우게 되었나요?

어쩔 수 없었습니다.

박찬호는 어려서부터 위인전을 많이 읽었습니다.

보통 사람들과는 다른 위인들의 삶에 그는 매우 흥미를 가졌습니다. 박찬호는 위인전을 읽으면서 이들처럼 자신의 꿈을 조금씩 키워 갔습니다.

공을 주로 받기만 하던 박찬호는 공주 중학교에 진학한 뒤, 공을 던지는 투수로 변신하였습니다.

그러나 야구 감독은,

"넌 아무래도 배짱이 부족해! 그러니까 자신감이 없어

♥ 박찬호는 어린 시절에 무슨 책을 많이 읽었나요?

보인단 말이야.”

하고 박찬호의 결점을 지적해 주었습니다.

“감독님, 배짱을 키우도록 노력하겠습니다.”

박찬호는 이 때부터 자신의 결점을 고치기 위해 힘썼습니다.

그는 집에서 2킬로미터나 떨어진 공동 묘지를 한밤중에 뛰어갔다 돌아오는 훈련을 매일밤 하였습니다.

비 오는 날 밤에 공동 묘지를 가려면 무서움에 등골이 서늘해지기도 하였지만 그는 끝까지 참고 이겨 내면서 스스로 담력을 키웠습니다.

그런 힘든 훈련을 계속하자, 나중에는 한밤중의 공동 묘지가 박찬호의 야구 훈련장이 되어 버렸습니다.

그는 이 때 무엇이든 해낼 수 있다는 자신감을 얻었습니다.

‘미래를 위하여 이제부터 일기를 써야지!’

박찬호는 지독한 훈련을 하면서도 고등 학교 때부터 하루도 빠지지 않고 일기를 썼습니다.

박찬호는 고등 학교를 졸업할 때까지 그저 ‘가능성 있는 선수’로만 여겨졌습니다. 대학교에 들어가서도 다른 선수들에 가려 빛을 보지 못했습니다. 오히려 선수들 사이에서 박찬호는 촌스럽고 많이 먹는다고 해서 '순둥이', '공주 촌놈' 같은 별명이 붙여졌습니다.

하지만 박찬호는 이와 같은 주위의 놀림에 전혀 마음 쓰지 않았습니다. 그는 다만 황소 같은 고집과 인내로 꾸준히 연습에만 몰두하였습니다.

대학교 2학년이 된 박찬호에게 마침내 행운의 길이 활짝 열렸습니다. 모든 야구 선수들의 꿈인 미국 메이저 리그에 진출하게 된 것입니다.

♥ 박찬호는 배짱과 담력을 키우기 위하여 어떻게 노력했나요?

1994년 1월, 박찬호는 다저스 팀에 입단하였습니다. 그러나 기쁨도 잠시뿐, 박찬호 선수에겐 숱한 어려움이 밀어닥쳤습니다. 미국에서의 박찬호 선수의 생활은 견디기 어려울 지경이었습니다.

우선 말이 잘 통하지 않는 답답함, 따돌림, 외로움 등에 시달려야 했습니다.

'야구고 뭐고 다 걷어치우고 한국으로 돌아갈까?'

이런 생각이 하루에도 몇 번씩 떠올랐습니다. 혼자 벽을 보고 울기도 했습니다. 그러나 그는 곧 생각을 바꾸었습니다.

'나는 할 수 있다. 미국말이 서툴지만 열심히 배우고, 미국 선수들보다 훌륭한 선수가 될 테다!'

그는 마침내 이를 악물고 어려움을 이겨 내기로 결심했습니다.

연습이 끝나면 미국 선수들이 술도 마시고 담배도 피우기를 권했지만, 박찬호는 술과 담배를 입에 대지 않았습니다.

박찬호는,

'나보다 키가 크고 신체 조건이 좋은 미국 선수들을

앞지르려면 달리기를 남보다 잘 해야겠다. 그리고 남보다 공을 더 정확하고 세게 던져야 한다.'

이런 생각을 가지고 남이 쉴 때 더 열심히 훈련을 하였습니다.

이런 결과로 박찬호 선수는 1994년 미국에 진출한 지 2년 만인 1996년 4월 첫승을 거두었습니다.

1997년에는 마침내 다저스 팀의 최다승 투수가 되어 미국 야구계를 온통 떠들썩하게 하였습니다.

자동차의 최대 속력과 맞먹는 시속 160킬로미터의 강속구를 자랑하는 박찬호 선수에게 '코리안 특급'이란 별명이 붙여졌습니다.

한국을 빛내는 박찬호 선수는 외국인들에게 한국의 좋은 점을 보여 주려고 노력하는 '스포츠 외교관'이기도 합니다.

한국식으로 모자를 벗고 관중들에게 고개 숙여 인사하는 예의는 미국인들에게 좋은 인상을 심어 주었습니다.

박찬호 선수!

그의 고집과 인내심은 우리에게 큰 교훈이 되고 있습니다.

어려움을 참고 견디는 힘을 '인내'라고 합니다. 옛 어른들은 이 인내를 성공의 열쇠로 여겨 왔습니다. 성공한 사람들은 누구나 어려운 고비를 참고 이겨 냈습니다.

명언 한 마디!

훌륭한 농부는 홍수나 가뭄을 생각해서 밭갈이를 아니 하지 않으며, 훌륭한 장사꾼은 값이 떨어져 손해 볼 것을 생각해서 사고 파는 일을 아니 하지 않는다. 군자는 빈궁하다고 해서 진리 탐구의 근본 도리에서 게을러지지 않는다.

- 순자 -

사람은 항시 자신을 깨우치면서 미래를 위하여 준비를 하여야 합니다. 끊임없이 자신을 일깨우며 실력을 쌓는다면 언젠가는 자신의 능력을 발휘할 날이 옵니다. 만일 당장 눈앞의 일만을 바라보고 아무런 준비나 공부를 하지 않는다면 정작 필요한 시기가 오더라도 능력이 없어 주저앉고 말 것입니다. 우리는 항상 준비하는 마음으로 인내하고 노력하는 사람이 되어야겠습니다.

고려를 지킨 외교관 서 희

"감히 우리 거란을 배척하는 고려를 보고만 있겠느냐?
80만 대군으로 고려를 쳐부수어라!"

거란의 손소녕은 80만 대군을 거느리고 고려에 침입했
습니다. 거란의 요구는 자신들이 편안히 살 수 있도록 고
려의 북쪽 땅을 떼어 달라는 것이었습니다.

고려의 왕은 급히 신하들을 불러 중신 회의를 열었습
니다.

이 때, 조정 중신들 대부분은 우리 나라의 서북쪽 땅을 거란에게 떼어 주자고 했습니다. 그들은 전쟁을 피해 나라의 운명을 지켜야 한다고 주장했습니다.

그 때, 서 희라는 신하가 왕에게 아뢰었습니다.

"전하, 거란의 요구를 받아들여서는 아니 되옵니다. 신이 직접 적진에 들어가 말로써 결판을 짓도록 하겠나이다."

왕은 너무도 의연한 서희의 태도에 그의 말을 받아들였습니다.

"실로 고마운 일이오. 오직 경만 믿소. 내가 친히 전송하여 경의 성공을 빌겠소."

서 희는 왕의 전송을 받으며 말을 타고 적진으로 향했습니다. 적진에 들어간 서 희는 손소녕의 부관에게 명령했습니다.

"너희 손소녕 장군을 만나러 왔다. 어서 안내하라!"

서 희는 당당하게 손소녕 앞에 다가갔습니다.

"고려의 사신은 마땅히 대국의 귀인인 나에게 뜰에서 절을 올리는 것이 예의가 아니오?"

손소녕은 키가 자그마한 서 희를 내려다보며 으름장을

💙 거란의 손소녕이 고려에 쳐들어왔을때 조정
중신들의 주장은 어떠했나요?

♥ 서희가 적장 손소녕 앞에 갔을 때의 태도는
어떠 했나요?

놓았습니다.

"두 나라의 대신이 회견을 하는 자리에서 어찌 그런 일이 있겠소?"

손소녕은 대번에 서 희의 기를 꺾으려 했지만 그리 만만치 않았습니다.

마침내 두 사람은 책상을 사이에 놓고 마주 앉아 담판을 벌였습니다.

"장군, 대체 우리 고려를 침입한 까닭이 무엇이오? 말해 보시오."

"고구려의 옛 땅은 우리 것이었고, 고려는 신라 땅에서 일어났소. 그런데 고려는 우리가 차지할 땅을 조금씩 먼저 차지하였소."

"그건 잘못 아셨소이다. 우리 나라는 고구려를 계승한 나라요. 그리하여 나라 이름도 '고려'라 하였잖소? 그러니 고구려의 옛 땅을 차지하는 건 당연한 일이외다. 뿐만 아니라, 거란의 도읍인 동경마저도 고구려 옛 땅임을 아셔야 하오."

물 흐르듯 거침없는 서 희의 조리 있는 말에 손소녕은 아무 말도 못했습니다. 그러자 손소녕은 다른 문제를 꺼내어 트집을 잡았습니다.

"그러면 고려는 왜 가까운 우리 거란보다 멀리 떨어져 있는 송나라와 외교 관계를 맺고 있소?"

"참 딱하시오. 그것은 여진이 당신네 나라와 우리 나라 사이의 길을 막고 있기 때문이오. 먼저 여진을 쫓아 내고 길을 열어 주면 우리도 거란과 외교 관계를 맺을 수 있는 일 아니겠소?"

서 희는 마음의 여유를 갖고 거란으로 하여금 여진을 치게 하려는 슬기를 보였습니다.

'서 희의 말을 듣고 보니 과연 일리 있는 말이군!'

손소녕은 서 희의 반박에 할 말을 잃었습니다.

결국 손소녕은 청천강에서 압록강에 이르는 280여 리의 땅을 고려의 영토로 인정하고, 80만 대군을 돌려 물러가고 말았습니다.

우리 나라 역사상 가장 뛰어난 외교관 서 희는 칼 대신 말로써 80만 대군을 물리쳤던 것입니다.

우리의 자긍심을 보여 준 서 희 장군은 고려 시대의 큰 인물이었습니다.

자신의 떳떳한 마음을 '자긍심'이라고 합니다. 자긍심을 가지면 자신감이 생기며 하는 일이 즐겁습니다.

가난한 것을 부끄러워할 필요가 없습니다. 잘 살 수 있도록 노력하면 됩니다.

명언 한 마디

급히 서두르지 말고, 작은 이득을 꾀하지 말라. 급히 서둘면 철저하지 못하고, 작은 이득에 눈이 어두우면 큰 일을 이루지 못한다.

-공자-

모든 일에는 순서가 있는 법입니다. 큰일을 앞에 두고 있을수록 여유로운 마음과 자긍심을 가지는 것은 더욱 필요합니다. 지나치게 상대방 앞에서 마음을 조급히 먹고 대하다 보면 오히려 큰 손해를 입고 그르치는 수가 있습니다. 그러므로 매사에 신중하고 철저하게 여유로운 마음으로 처리하는 자세를 갖도록 하여야겠습니다.

공자님의 봉변

공자가 나이 70세 되었을 때의 일입니다.

한평생 학문에만 힘써 온 공자가 어느 날 심심함을 달래려고 밖에 나갔습니다. 평생 글만 읽고 수양을 쌓았으니 조금은 우쭐한 마음도 있었을지 모르지요.

공자가 마을 어귀에 이르자, 매우 총명해 보이는 어린 동자가 놀다가 얼른 인사를 하는 것이었습니다.

"선생님, 안녕하세요? 오늘은 어디로 행차하십니까?"

“공부도 이젠 다 마쳤으니 심심해서 바람 좀 쐬러 나왔단다.”

공자는 빙그레 웃으며 동자를 바라보았습니다.

동자는 무슨 생각을 하는 듯 고개를 갸웃거리더니 이렇게 물었습니다.

“선생님, 공부를 다 끝내셨다니 얼마나 기쁘시겠어요? 이제 모르는 게 없으실 테니 제가 한 가지 여쭈어 보아도 괜찮으시겠습니까?”

“허허, 참 재미있는 아이로다. 그래, 무엇인지 어서 물어 보아라.”

“그럼, 여쭈어 보겠습니다. 저 높은 하늘에 반짝이는 별은 모두 몇 개나 될까요?”

참으로 뜻밖의 질문이었습니다.

공자는 아무리 생각해 보아도 도무지 알 수 없는 노릇이었지요.

그러나 차마 어린아이에게 모르겠다고 할 수는 없었습니다. 공자는 궁리 끝에,

"애야, 하늘의 것을 물으면 되느냐? 사람은 땅 위에 살고 있으니 땅의 것을 물어야지."

하고 대답했습니다.

그러자 동자는 질문을 바꾸어 다시 물었습니다.

"선생님, 제 질문이 잘못되었나 보군요. 그럼, 땅 위의 것을 여쭙겠습니다. 우리가 사는 땅 위에는 돌이 몇 개나 있을까요?"

공자는 기가 막혔습니다.

갈수록 태산이라더니, 하늘의 별이나 땅 위의 돌이나 공자가 모르기는 매한가지였습니다.

공자는 다시 어린 동자에게 이렇게 말했습니다.

"내가 공부한 것은 주로 사람살이에 관한 것이니라. 생활에 필요하지 않은 것은 아무 의미도 없단다. 알겠느냐?"

"네, 선생님. 그럼, 사람 몸에 관한 것을 여쭙겠습니다. 공부는 눈으로 보고 하는 게 아니겠습니까? 그럼, 사람의 눈에서 가장 가까이에 있는 눈썹은 어떤 일을

♥ 어린 동자는 공자님에게 맨처음 무엇을 물어보았나요?

하나요?”

참으로 난처한 질문이었습니다.

공자는 어린아이의 물음에 한 가지도 대답을 못하고 말았습니다.

그 순간, 동자는 공자를 물끄러미 바라보더니 한 마디 하였습니다.

“에이, 아무것도 모르시네요. 그러면서 모르는 게 없다고 큰소리만 치시니 말조심을 하세요. 그리고 공부 좀 더 하세요.”

공자가 얼떨떨해하고 있는 동안 어린 동자는 어디론가 사라졌습니다.

공자는 어린 동자에게 뒤통수를 한 대 얻어맞은 기분이었습니다.

‘아뿔싸, 내가 너무 경솔해서 큰 실수를 했구나. 말은 입 밖으로 나가면 주워 담을 수 없는 것인데…… 앞으로는 더욱 말을 삼가야겠구나.’

공자는 발걸음을 되돌려 집으로 돌아왔습니다.

자신의 잘못을 크게 뉘우친 공자는 다시 공부를 하면서 인격 수양에 조금도 게을리하지 않았다고 합니다.

♥ 위의 이야기에서 공자의 행동은?

공자님의 발자취

공자님은 기원전 551년에 노나라 곡부에서 태어났습니다. 이름은 구, 자는 중니라 하였습니다.

노나라에서는 계손씨, 숙손씨, 맹손씨가 제후를 밀쳐 두고 마음대로 정치를 하고 있었습니다.

공자님은 임금을 제자리에 올려 놓으려고 무척 애를 썼으나 실패하고 말았습니다.

공자님은 56세 때 노나라를 떠나 자신의 이상을 펼칠 만한 나라를 찾아다녔습니다.

그러나 자신의 뜻을 받아들이는 제후는 없었습니다. 13년 동안 여러 나라를 떠돌아다닌 끝에 공자님은 69세에 고향으로 돌아왔습니다.

이후 공자님은 제자를 가르치며 책을 썼습니다.

〈역경〉, 〈시경〉, 〈서경〉. 〈춘추〉, 〈주례〉, 〈예기〉를 6경이라 하는데, 제자를 가르칠 때 교과서로 삼았습니다.

공자님의 제자는 3000명에 이르렀다고 합니다. 공자님은 서기전 479년 73세로 세상을 떠났습니다.

세상을 떠난 지 2000년이 넘었지만 그는 오늘날에도 지식과 인격을 갖춘 영원한 스승으로 존경받고 있습니다.

'침착'이란, 어떠한 일에 당황하지 않고 마음을 가라앉히는 것을 말합니다. 어려운 일, 급한 일이 생겼을 때 침착하게 행동해야 합니다.

명언 한 마디!

남을 책하는 자는 사귐을 온전히 하지 못하고, 스스로
용서하는 자는 허물을 고치지 못한다.　　　- 경행록 -

남을 책망하기 좋아하는 사람은 남의 결점만 눈에 띄는 법입
니다. 따라서 이런 사람은 사람과의 사귐이 오래 가지 못하며
자신에게도 이롭지 못합니다. 그러므로 나를 용서하는 마음
으로 남을 용서하고, 남을 책망하듯이 자기의 잘못을 책망하
는 마음 자세를 가져야 합니다. 이것이 곧 자신의 발전을 가
져오는 길이기 때문입니다.

유비와 제갈량

　중국 삼국 시대 때의 이야기입니다.

　〈삼국지〉에 나오는 유비·관우·장비 등은 우리들이 널리 알고 있는 이름난 인물들입니다.

　촉나라를 세운 유비에게는 손잡고 일할 수 있는 관우, 장비 같은 훌륭한 장수들이 있었습니다. 그러나 그들은 싸움에 뛰어날 뿐, 전략을 잘 세우는 사람들은 아니었습니다.

싸움에는 용감한 장수도 필요하지만, 싸움에서 이기려면 작전을 잘 세우는 일이 더욱 중요한 것입니다. 그래서 유비는 작전 참모가 될 만한 사람을 찾으려고 무척 애를 썼습니다.

'천하를 한 손에 거머쥔 나지만, 이 세상에 가장 아쉬운 것은 역시 뛰어난 머리를 지닌 인물이로구나! 인재를 어디 가서 구할꼬?'

이렇게 한탄한 유비는 지혜로운 머리를 가진 사람을 찾아 돌아다녔습니다.

그런데 한 번은 양양이란 곳의 와룡강 언덕 기슭에 조그만 움막집을 짓고 어지러운 난리를 피해서 숨어 사는 사람이 있다는 소식을 들었습니다.

그는 제갈량이라고 하는 사람으로 군사를 부리고 작전을 짜는 데 무척 뛰어나다는 것이었습니다.

이 말을 들은 유비가 얼마나 반가웠겠습니까?

'제갈량, 제갈량이라!'

유비는 선물을 정성껏 마련해 가지고 물어물어 제갈량의 집을 찾아갔습니다.

"이리 오너라!"

제갈량의 집에 다다른 유비가 정중하게 하인을 불렀습니다.

"누구를 찾아오셨나요?"

오두막집에서 나이 어린 동자가 나오면서 물었습니다.

"제갈량 선생님을 뵈러 왔느니라."

"선생님은 지금 안 계십니다."

나이 어린 동자는 불쑥 한 마디 대답을 던지고는 안으로

♥ 촉나라를 세우는 데 유비와 함께 큰 공을 세운
두 장수는 누구 누구입니까?

들어가 버리는 것이었습니다.

"얘야, 저저……."

유비는 더 이상 물어 볼 수도 없어 그냥 돌아서고 말 았습니다. 그러나 분명 제갈량은 집안에 있었습니다.

천하를 휘어잡고 호령하는 유비가 이 무슨 망신스러운 일이란 말입니까? 그러나 유비는 조금도 불쾌하게 여기 지 않았습니다.

그로부터 며칠이 지난 뒤, 유비는 다시 제갈량을 찾아 갔습니다. 이번에는 선물을 나귀에 가득 싣고 말입니다. 게다가 자신이 사랑하고 아끼는 장수 관우와 장비까지 데리고 갔습니다.

"이리 오너라!"

이번에도 동자가 나오더니,

"누구신지요?"

하고 물었습니다.

"보면 모르느냐? 며칠 전에 찾아왔던 사람이다. 그래 선생님은 계시냐?"

"선생님은 지금 안 계십니다."

유비가 묻자, 동자는 지난번과 똑같은 대답 한 마디를

던지고는 안으로 들어가 버렸습니다. 유비는 몹시 실망스러웠습니다.

"허허, 선생님이 안 계신다니 할 수 없지."

유비는 또 그대로 발길을 돌렸습니다.

유비와 함께 갔던 관우와 장비는 여간 언짢은 것이 아니었습니다. 그들 역시 제갈량이 일부러 만나 주지 않는 줄 알고 있었던 것입니다.

"아니, 이렇게 산 속에 묻혀 살면서 뭐 그리 대단하다고……."

“제갈량은 예의도 없는 인간입니다. 한 번도 아니고 두 번씩이나 먼 길을 찾아갔는데도 만나 주지 않다니요. 사람이 돼먹지 않았습니다.”

두 사람은 유비에게 불평을 털어놓으면서 제갈량을 만날 필요가 없다고 했습니다.

그러나 이 말을 들은 유비는 그저 빙그레 웃기만 하였습니다.

또 며칠이 지났습니다.

유비는 나귀 등에 선물을 가득 싣고 다시 제갈량이 살고 있는 오두막집을 찾아갔습니다.

“이리 오너라!”

“…….”

어린 동자가 나와 유비를 쳐다보았습니다.

“선생님 계시느냐?”

그러자 이번에는 동자가 안으로 유비를 안내했습니다.

제갈량은 세 번이나 찾아온 유비의 그 정성과 끈기에 감동하였던 것입니다. 안으로 들어서자 점잖은 목소리가 들렸습니다.

“어서 오십시오.”

제갈량은 마침내 유비를 공손하게 맞이하였습니다.

서로 정중히 인사를 나눈 뒤, 유비는 제갈량의 손을 꼭 잡으며 도움을 청하였습니다.

"부디 저를 위하여, 그리고 우리 촉나라를 위하여 큰 힘이 되어 주십시오."

"소생이 무얼 안다고 여기까지 찾아오셨습니까?"

제갈량은 무척 겸손하게 대답하였습니다.

"아닙니다. 지금 우리 촉나라는 공의 큰 도움이 필요합니다. 부디 저의 청을 받아 주십시오."

이리하여 제갈량은 유비 밑에서 군사 전략의 일을 맡게 되었습니다.

임금 자리에 있는 유비였건만 나라를 올바로 다스리기 위하여 평민 제갈량을 몸소 세 차례나 찾아가 정중히 부탁하였습니다. 후세 사람들은 이 일을 가리켜 '삼고초려'라고 합니다.

이와 같은 유비의 태도를 통해 우리는 그의 지도자다운 훌륭한 인격을 충분히 짐작할 수 있습니다. 또한 어떤 어려운 일이라도 노력과 정성을 다하면 반드시 이룰 수 있다는 교훈을 새삼 우리들에게 일깨워 주고 있습니다.

'노력'이란, 한 가지 하는 일에 있는 힘을 다하고 애쓴다는 말입니다. 이 노력에는 '정성'이 필요합니다.

노력하고 또 노력하면 안 될 것이 없습니다.

벌금을 문 대통령

세계에서 가장 섬이 많은 나라, 아니 크고 작은 수천 개의 섬으로 이루어진 나라를 아십니까?

그 곳은 바로 남쪽 멀리 바다 가운데 있는 필리핀이란 나라입니다.

꽤 오래 전에 필리핀에서 있었던 이야기입니다.

필리핀의 마닐라 시 번잡한 사거리에서 한 경찰관이 교통 정리를 하느라 호루라기를 불며, 두 팔을 쉴새없이 휘두르고 서 있었습니다. 그런데 갑자기 저 쪽에서 까만 승용차 한 대가 달려왔습니다. 경찰관은 그 승용차를 뚫어지게 바라보았습니다.

잠시 후, 경찰관은 그 승용차를 향해 정지 명령을 내렸습니다. 운전자는 교통 경찰관의 지시에 따라 길 한쪽에 차를 세웠습니다.

경찰관은 곧 다가가서 운전자에게 정중하게 경례를 한 다음 말했습니다.

"당신은 교통 규칙을 위반하였습니다."

"네, 미안합니다."

운전을 하던 신사는 미안스런 표정으로 공손히 대답하였습니다.

"죄송합니다. 운전 면허증을 보여 주십시오."

그 운전자는 양복 저고리 여기저기를 찾아보았습니다. 하지만 운전 면허증이 없었습니다. 그는 매우 난감한 표정을 짓더니 경찰관에게 말했습니다.

"옷을 갈아입느라고 깜빡 잊고 면허증을 안 가지고 나왔습니다. 죄송합니다. 어떡하지요?"

"차를 운전하려면 면허증을 항상 지니고 다녀야 한다는

사실을 모르십니까?"

"네, 앞으로 조심하겠습니다."

경찰관은 자신의 직무에 따라 기록을 하기 위해 물었습니다.

"그럼, 이름과 직업을 말해 주시기 바랍니다."

"라몬 막사이사이, 직업은 대통령입니다."

이 말을 들은 교통 경찰관은 깜짝 놀라며 부동 자세로 말했습니다.

"대통령 각하! 죄송합니다. 미처 몰라뵈었음을 용서하십 시오. 하지만 각하께서는 교통 규칙을 위반하였으므로

♥ 벌금을 문 사람은 어느 나라 누구입니까?

법에 따라 정해진 벌금을 무셔야 합니다."

경찰관은 벌금 고지서를 막사이사이 대통령에게 건넸습니다.

"물론 내야지요. 그럼 수고하세요."

"각하, 안녕히 가십시오."

교통 규칙을 어긴 대통령은 일반 시민과 똑같이 벌금을 물었습니다.

♥ 막사이사이 대통령은 왜 벌금을 물게 되었나요?

그리고 이 교통 경찰관은 자신의 많은 책임과 임무를 다한 모범 경찰 공무원으로 표창을 받았습니다.

필리핀 막사이사이 대통령이 교통 위반을 하고 교통 규칙에 따라 벌금을 물었다는 이 이야기는 전세계에 널리 알려졌습니다. 많은 사람들에게 큰 감동을 준 것은 말할 나위도 없습니다.

막사이사이는 필리핀의 역대 대통령 중 가장 훌륭한 지도자였습니다. 그 나라 국민뿐만 아니라 세계 여러 나라 사람들이 진심으로 존경하는 분입니다.

막사이사이 대통령이 세상을 떠난 후, 그의 업적을 기리기 위하여 큰 상을 만들었습니다. 그 상이 바로 '아시아의 노벨상'이라 불리는 '막사이사이상' 입니다.

이 상은 여러 분야로 나누어 시상하고 있는데, 무엇보다 맡겨진 분야에서 책임과 임무를 다하여 많은 사람들에게 모범이 되고, 사회에 크게 이바지한 인물들에게 주어집니다.

우리 나라 사람으로서 막사이사이상을 받으신 분이 여럿 있습니다.

이화 여자 대학교 총장을 지냈고, 여성 운동에 앞장

♥ '아시아의 노벨상' 이란 무슨 상을 말하나요?

섰던 김활란 박사님이 이 상을 받았습니다.

또 경기도 광주와 강원도 원주에 가나안 농군 학교를 세워 농촌을 부흥시키고, 나아가 일하는 즐거움을 젊은이들에게 가르쳤던 김용기 장로님도 막사이사이상을 받았습니다.

이 밖에도 의사가 되어 한평생 가난한 사람들에게 병을

고쳐 주었던 장기려 박사님, 우리 겨레를 바른 길로 이끌면서 나라 사랑 실천에 앞장 섰던 장준하 선생님도 훌륭한 인물로 뽑혀 이 상을 받으셨습니다.

그리고 마을 문고를 처음 만들어 보급하면서 외진 산골이나 외딴 섬 마을 사람들에게까지 책의 소중함을 일깨워 준 독서 운동가 엄대섭 선생님도 막사이사이상 수상자이십니다.

한평생 아름다운 동요 동시를 써서 어린이들이 착하고 바르게 자라도록 애써 오신 아동 문학가 윤석중 선생님도 이 값진 막사이사이상을 받았습니다.

법과 규칙을 바르게 지키는 사람과 맡은 일에 책임과 임무를 다하는 사람들이 많으면 많을수록 우리 사회는 더욱 아름다운 사회가 될 것입니다.

임무

맡은 일, 꼭 해야 할 일을 '임무'라고 합니다. 학생에게는 공부가 임무요,
교사는 가르치는 일이 임무입니다. 사람은 누구나 자신에게 맡겨진 일을
끝까지 잘 해내야 합니다.

명언 한 마디!

**말에 허물이 적고 행동에 뉘우칠 바가 적으면 벼슬은
저절로 그 가운데 있게 마련이다.**　　　　　　- 공자 -

무릇 지도자가 되려면 많은 것을 보고 들어야 합니다. 그리
고 듣고 본 것들을 올바로 판단하고 조심해서 실천하여야
합니다. 그러나 사람인 이상 누구나 잘못을 저지릅니다. 중
요한 것은 잘못을 처리하는 과정입니다. 잘못을 깨닫는 순
간 잘못을 바로잡는 결단성과 용기입니다. 이렇게 한다면
그 잘못은 그를 더욱 용기 있고 훌륭하게 만드는 밑거름이
될 것입니다.

산을 옮긴 열성

아주 옛날 이야기입니다.

중국의 어느 곳에 '우공'이라는 노인이 가족을 거느리고 살았답니다.

나이가 여든이 넘었는데 늘 마음에 걸리는 걱정거리가 있었지요. 그것은 다름 아니라 우공이 살고 있는 집 앞과 뒤에 높은 산이 솟아 있어서 생활에 큰 불편을 주었던 것입니다.

어디를 가려 해도 집 앞뒤에 있는 두 개의 산 때문에 멀리 돌아가야만 했습니다. 게다가 산이 햇빛을 가려 낮 시간도 짧으니 여간 큰 불편이 아니었습니다.

그래서 어느 날, 우공은 가족을 모아 놓고 회의를 하였습니다. 우공은 자신이 평소에 생각해 온 것을 말하였습니다.

"우리 식구에게 저 두 산이 여간 불편한 게 아니구나. 우리 식구가 힘을 모아 저 산을 평평하게 깎아 내리는 것이 어떻겠느냐?"

"좋은 생각입니다, 아버지."

"할아버지, 그렇게 하시지요."

우공의 말에 아들과 손자 모두 하나같이 찬성하였습니다. 그러나 부인은 손을 내저으며 반대하였습니다.

"영감이 이제는 망령이 드셨소? 언제 죽을지 모르는 늙은 당신이 어느 세월에 저 큰 산을 깎아 내린다는 말이오?"

하지만 다른 가족들은 마치 동화 같은 이야기를 하면서 자신만만하였습니다.

다음 날부터 일은 시작되었습니다.

이미 여든이 넘은 우공은 물론, 아들·손자·며느리 할 것 없이 모두 나와 산을 허물기 시작하였습니다.

일가족 10여 명이 큰 산을 깎아 내리다니, 참으로 우스운 노릇이었습니다.

마을 사람들도 모두 우공과 그 가족의 행동을 비웃었습니다.

"모두들 정신이 나갔구먼. 산을 깎아 평지를 만들겠다니,

♥ 우공이 살아가는데 불편을 준 것은 무엇이었나요?

도무지 말도 안 되는 짓이야.”

그러나 우공과 그 가족은 희망에 부풀어 있었습니다. 그들은 누가 뭐라고 하든 잠시도 쉬지 않고 열심히 일을 하였습니다.

하루는 이웃 젊은이가 와서 딱하다는 듯이 충고의 말을 했습니다.

“영감님, 그 일은 그만두시지요. 이렇게 하여 어느 세

월에 산을 깎아 길을 만듭니까? 쓸데없는 짓입니다."

우공은 젊은이의 걱정하는 말을 듣고 웃으면서 대답하였습니다.

"자네 생각은 어찌 그렇게 짧은가? 지금 당장 일이 이루어지지는 않지만 내가 죽더라도 내 아들이 있고, 또 손자가 크면 아들을 낳을 테고, 이렇게 자손이 불어나면서 일을 계속하면 언젠가는 이 산을 들어 낼 날이 반드시 있을 것일세. 그러니 자네가 걱정할 일이 아닐세."

젊은이는 말문이 막혀 버렸습니다.

몇 년 뒤에 하늘 나라 옥황 상제가 우공이 산을 허물고 있다는 이야기를 들었습니다.

“허허, 우공은 이미 팔순이 넘었거늘, 용기를 잃지 않고 식구들과 산을 허물어뜨린다고? 장한지고, 암 장하고말고! 내 참으로 우공의 정성에 감동하여 좀 도와 주겠노라.”

옥황 상제는 곧바로 힘센 장사를 불러 명령을 내렸습니다.

“너는 지금 곧 우공이 사는 마을로 내려가 우공이 허물고 있는 두 산을 번쩍 들어다가 다른 곳에다 옮겨 주고 오너라.”

장사는 옥황 상제의 분부대로 곧 명령을 수행했습니다. 산 하나는 삭동이란 곳에, 다른 하나는 옹남이란 곳에다 옮겨 놓았습니다.

이렇게 하여 우공의 소원은 살아 생전에 드디어 이루어졌습니다.

‘지성이면 감천’이란 말과 ‘열성과 노력으로 안 되는 일이 없다’는 것을 증명해 준 이야기입니다.

한 가지 일에 열의와 성의를 다하는 것을 '열성'이라고 합니다, 열성을
가지면 아무리 어려운 일이라도 해낼 수 있습니다,

노력 끝의 성공은 샘물보다
시원한 느낌을 맛보게 합니다.

피에로와 프랑스 장군

프랑스의 영웅 나폴레옹 장군이 이탈리아를 공격할 때의 이야기입니다. 그 때 막도날 장군이 거느린 부대는 알프스 산을 넘어야 했습니다. 프랑스 군대는 눈보라치는 험한 산을 종일토록 지친 몸으로 넘고 있었습니다.

그들은 맨몸으로도 넘기 어려운, 눈과 얼음으로 덮인 알프스 산을 온갖 장비를 짊어진 채 대포까지 끌고 밀며 올라가야 했습니다.

이렇게 갖은 고생을 하며 산을 오른 지 1주일이 지났습니다. 그런데도 아직 산중턱까지밖에 오르지 못하였습니다.

"자, 기운을 내라! 이제 저 봉우리만 넘으면 내리막길이다. 여기서 힘을 잃으면 우린 다 죽는다!"

군사를 거느린 막도날 장군은 부하들을 격려하며 큰 소리로 지휘하였습니다. 그러나 워낙 힘든 눈길이라 한 걸음 앞으로 옮기면 두 걸음 뒤로 미끄러지기 일쑤였습니다.

"장군님, 도저히 못 가겠습니다."

"장군님, 이젠 기진맥진해 한 걸음도 못 걷겠습니다."

"장군님, 이대로 가다간 모두 얼어 죽고 말 겁니다."

병사들은 울상을 지었습니다.

'그래, 모두 지쳐 있다. 병사들뿐만 아니라 지휘관인 나도 지쳐 있다. 그러나 우리가 여기서 주저앉으면 안 된다. 용기를 내야 한다!'

무엇인가 잠시 생각에 잠겨 있던 막도날 장군이 갑자기 소리쳤습니다.

"피에로! 피에로 소년병을 불러라!"

피에로는 북을 치는, 이제 겨우 열세 살짜리 소년병입니다.

“피에로, 북을 쳐라! 저 병사들의 사기를 돋우려면 북 소리가 필요해. 너도 힘들겠지만 용기를 내 북을 울려라!”

“네, 장군님!”

어린 소년병 피에로는 지칠 대로 지쳤지만 있는 힘을 다하여 북을 치기 시작하였습니다.

—— 둥 둥 둥 둥! 두두 둥 둥둥! ——

기진맥진한 병사들은 북 소리를 듣고 정신이 번쩍 들었습니다.

“그래 그래, 북 소리를

들으니 한결 기운이 나는구나. 고맙다, 피에로!”

막도날 장군도 미소 띤 얼굴로 소년병을 격려해 주었습니다. 그런데 몇 시간이 지났을까?

‘윙 윙 윙’ 땅이 울리는 듯 무서운 소리와 함께 눈사태가 일어나기 시작했습니다. 큰일이었습니다. 쏟아져 내리는 눈을 보고 장군이 외쳤습니다.

“엎드려라, 눈사태다! 바닥에 바싹 엎드려!”

장군의 호령이 채 끝나기도 전에 산더미 같은 눈사태가 내리덮쳤습니다. 프랑스 병사들은 그 동안 이런 일을 여러 번 겪었기 때문에 다행히 큰 피해는 없었습니다. 그런데 누군가 다급하게 외치는 소리가 들렸습니다.

“장군님, 피에로가 보이지 않습니다.”

“아니, 피에로가?”

피에로는 눈사태를 겪어 본 일이 없어 그만 기대 섰던 바위와 함께 깊은 골짜기로 미끄러져 내려갔습니다. 절벽이 마주 선 깊은 골짜기였습니다. 막도날 장군은 절벽 아래를 내려다보고 애타게 소리쳤습니다.

“피에로! 대답하라, 피에로!”

그러나 피에로의 대답은 들리지 않았습니다.

병사들도 발을 동동 구르며 피에로를 불렀습니다.

"아, 하느님도 무심하시지, 그 어린 피에로를 눈사태가 데려가게 하다니……."

어느 새 막도날 장군의 두 눈에서는 뜨거운 눈물이 흘러내렸습니다. 병사들도 깊은 시름에 잠겼습니다.

그런데 잠시 후 깊은 골짜기 어디선가 희미하게 소리가 들려 오는 것 같았습니다.

"가만 가만, 무슨 소리가……?"

장군과 병사들은 숨을 죽이고 귀를 기울였습니다. 그러자 귀에 익은 북 소리가 아주 멀리서 약하게 들려 왔습니다.

"북 소리다, 북 소리!"

"장군님, 피에로가 살아 있습니다!"

장군과 병사들은 일제히 소리치며 기뻐하였습니다. 하지만 그 기쁨도 잠시였습니다. 흰 눈이 덮인 수십 길 절벽 아래에 떨어져 있는 피에로 소년병을 누가 구해 온단 말입니까? 눈보라 속에서 먹지도 못하고, 무거운 장비와 대포를 끌고 알프스 산을 오르느라 병사들은 너도 나도 지쳐 있는 상태였으니까요.

골짜기에서 들려 오던 희미한 북 소리는 점점 가늘어져 가고 있었습니다. 병사들은 바위와 나무 등걸에 기대어 앉아 걱정만 할 뿐이었습니다.

이 때, 막도날 장군이 소리쳤습니다.

"무엇들 하느냐? 피에로는 내가 구하겠다. 빨리 대포를 끄는 밧줄을 가져오라!"

장군은 이내 구해 온 밧줄로 허리를 단단히 묶었습니다.

이 광경을 지켜 보고 섰던 병사들이 하나둘 앞으로 나서며 말했습니다.

"장군님, 안 됩니다. 장군님은 내려가시면 안 됩니다."

"장군님의 목숨은 우리 프랑스 군대의 목숨과 같습니다. 제가……."

"제가 내려가 구해 오겠습니다."

병사들은 갑자기 힘이 솟았습니다. 그리고 서로 피에로를 구하겠다고 나섰습니다. 그러나 장군은 고집을 꺾지 않았습니다.

"피에로는 내 부하며 내 친구다. 생사 고락을 함께 하는 친구다. 우리 프랑스 군에게 큰 용기를 준 피에로는 내 손으로 구해야 한다!"

💙 피에로가 떨어졌을 때 누가 그를 구하러 갔나요?

　막도날 장군은 밧줄에 몸을 묶은 채 한 발 한 발 절벽 아래로 내려갔습니다.

　"피에로, 어디 있느냐? 대답하라! 피에로, 너를 구하러 막도날이 왔다!"

　막도날 장군이 우렁찬 목소리로 소리쳤습니다. 장군의 목소리는 산골짜기를 타고 멀리 퍼져 나갔습니다.

　그 때 어디선가 가냘픈 목소리가 들려 왔습니다.

　"장군님, 여기 있습니다."

　"아 반갑다, 피에로! 정말 장하다! 자, 어서 내 손을 잡아라!"

　북을 옆구리에 낀 채 눈 속에 파묻혀 있던 피에로가 팔을 뻗어 막도날 장군의 손을 잡았습니다. 장군은 마침내 피에로를 끌어 안고 눈물의 포옹을 했습니다. 그리고 잠시 후 위를 향해 소리쳤습니다.

　"피에로를 구출했다! 밧줄을 끌어 올려라!"

　장군의 목소리를 듣고 산 위에서 기다리고 있던 병사들은 큰 힘이 솟았습니다. 프랑스 병사들은 장군의 깊은 부하 사랑에 크나큰 용기를 얻어 마침내 알프스 산을 무사히 넘었습니다.

💙 막도날 장군의 용기 있는 행동이 프랑스 군에게 어떤 결과를 가져왔다고 생각하나요?

'용기'란 용맹스러운 기운을 말합니다. 즉 어려운 일이나 두려운 일을 당했을 때 겁내거나 포기하지 않고 해낼 수 있는 힘이 용기랍니다.

사람이 위급할 때 도망친다는 건 비겁한 일입니다.

명언 한 마디!

호랑이한테 물려 가도 정신만 차리면 산다. - 한국 속담 -

사람이 살아가는 데는 용기가 필요합니다. 그러나 상황 판단도 하지 않고 무조건 덤비는 것은 용기가 아닌 만용입니다. 이러한 만용은 매우 위험합니다. 지도자가 만용을 부리게 되면 그 나라나 그 단체는 망하는 길만이 있습니다. 그러므로 주위 사정을 잘 살펴 옳다고 판단되었을 때 강력하게 밀고 나가는 용기와 신념이 필요한 것입니다.

명판관 꼬마 사또

옛날 옛날, 한 나그네가 산길을 걸어가다가 족제비 한 마리를 만났습니다. 털이 반지르르 윤기나는 아주 탐스런 놈이었습니다.

'아, 저놈만 잡으면 털로 붓을 수십 자루는 만들 수 있겠다!'

나그네는 가던 길을 멈추고 살금살금 족제비를 쫓기 시작했습니다.

손에 닿을 만큼 가까이 뒤쫓아간 나그네는 손에 들고 있던 담뱃대로 족제비를 내리쳤습니다.

"탁!"

하지만 족제비는 재빨리 몸을 피해 저만큼 달아났습니다. 그 바람에 나그네의 담뱃대만 두 동강이가 나고 말았습니다. 나그네는 화가 잔뜩 났습니다.

"에이, 요놈 때문에 담뱃대만 부러지고 말았잖아. 내 이놈을 끝까지 쫓아가 붙잡고 말 테다!"

그러나 족제비는 마치 약을 올리듯 뒤를 흘끔흘끔 돌아보며 요리조리 달아나는 것이었습니다. 나그네도 놓치지 않고 뒤쫓아 갔습니다.

나그네와 족제비 사이에는 한참 동안 쫓고 쫓기는 광경이 벌어졌습니다.

"어라? 이놈이 나를 놀려? 네 이놈, 어디까지 달아나나 두고 보자!"

그러는 동안 나그네는 산 속에서 마을 가까이까지 내려오게 되었습니다.

그 때, 마을에서 갑자기 검둥개 한 마리가 뛰쳐나왔습니다. 그런데 검둥개가 이게 웬 떡이냐는 듯이 족제비를 덥석 물고 달아나지 않겠어요?

“이놈의 검둥개야! 그 족제비는 내 거다. 이리 내놓지 못해!”

나그네는 고래고래 소리지르며 검둥개를 쫓아갔습니다. 그러나 검둥개는 산 밑에 있는 외딴집으로 쏜살같이 들어가 버렸습니다.

마당에 서 있던 집주인이 어리둥절해서 나그네에게 물었습니다.

“대체 무슨 일이오?”

“저 검둥개가 내 족제비를 채어 갔단 말이오. 어서 돌려 주시오!”

나그네는 당당하게 큰 소리로 말했습니다.

“우리 개가 잡은 족제비를 달라니…….”

집주인은 어처구니없다는 표정을 지었습니다. 그러자 나그네는 더욱 목소리를 높여 말했습니다.

“내가 산 속에서 족제비를 만나 지금까지 뒤쫓고 있었는데, 저 검둥개가 갑자기 나타나서 가로채어 갔단 말이오.”

집주인도 아까보다 목청을 높였습니다.

“어찌 되었든 족제비를 잡은 건 당신이 아니라 우리

개인데 무슨 소리요?”

“흥, 족제비를 내놓지 않으면 관가에 알리겠소.”

“그럼, 관가로 갑시다. 원님은 올바른 판결을 해 주실 것이오.”

“좋소, 갑시다.”

나그네와 검둥개 주인은 마침내 원님이 있는 관아로 길을 떠났습니다.

♥ 나그네는 검둥개 주인과 족제비를 놓고 다투다가 어떻게 하기로 하였나요?

얼마쯤 가다 보니 시냇가 모래밭에서 원님놀이를 하고 있는 아이들이 보였습니다.

그 모습을 유심히 본 검둥개 주인이 나그네에게 말했습니다.

"이걸 가지고 멀리 관가까지 갈 것이 아니라, 저 꼬마 원님에게 물어 보는 것이 어떻겠소?"

"그것도 괜찮지요."

두 사람은 원님놀이를 하고 있는 꼬마 원님 앞으로 다가갔습니다.

모래로 쌓아올린 단 위에 의젓하게 앉아 있던 꼬마 원님이 두 사람에게 엄숙하게 물었습니다.

"에헴! 그대들은 무슨 일로 왔는고?"

나그네가 먼저 지금까지 있었던 일을 자세히 설명했습니다.

그러자 검둥개 주인도 가만히 있어서는 안 되겠다는 듯이 나서서 말했습니다.

"사또, 족제비가 저 사람 것이라니 당치도 않습니다. 분명히 우리 검둥개가 잡았습니다."

두 사람 이야기를 다 듣고 난 꼬마 원님은 잠시 생각에 잠겼습니다.

"두 사람은 내 판결을 잘 들으라!"

"예, 사또."

"나그네는 족제비의 털이 필요한 것이고, 개는 족제비의 고기가 먹고 싶은 것이니, 족제비 가죽은 나그네가 갖고, 그 고기는 검둥개 주인이 가져가 개에게 주도록 하라!"

판결을 마친 꼬마 원님은 두 사람을 바라보았습니다. 꼬마 원님의 판결을 듣고 난 두 사람은 그 지혜로움에 감격해 말했습니다.

"사또, 과연 훌륭한 판결을 내리셨습니다."

"감사합니다, 사또."

그리하여 나그네는 족제비의 털가죽을 받아 들고 다시 길을 떠났고, 검둥개 주인은 족제비 고기를 들고 집으로 돌아갔습니다.

어린 아이의 지혜로움이 어른들의 싸움을 명쾌하게 해결한 것이었습니다.

💙 원님놀이를 하던 꼬마 원님은 두 사람에게 어떤 판결을 해 주었나요?

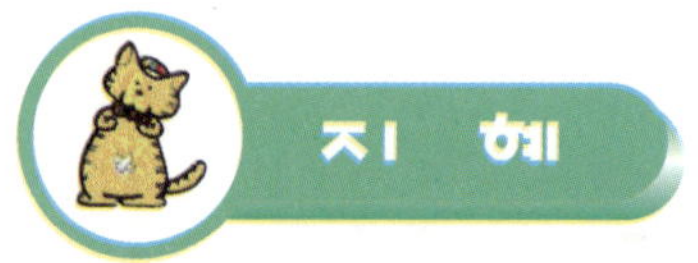

'지혜'를 '슬기'라고도 합니다. '지혜'란, 자기가 해야 할 일을 가장 바르게, 이치에 맞게 할 수 있는 생각을 뜻합니다.

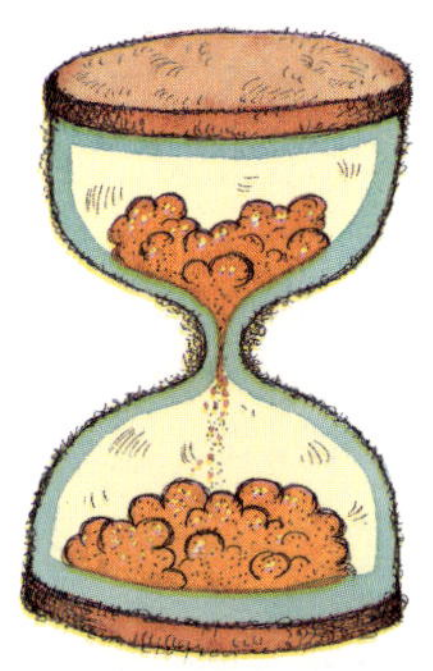

시계가 만들어지기까지

우리가 쓰고 있는 온갖 시설과 물건들은 우리의 생활에 많은 도움을 주고 있습니다.

생각해 보면, 그 하나하나의 물건을 만들어 준 사람들이 고맙기 그지없습니다.

날마다 공부할 때 쓰고 있는 책·연필·자·크레파스·책상 등은 물론, 생활에 필요한 옷·신발·모자·전화·시계·컴퓨터·자동차……

이런 발명품들이 없다면 지금 우리 생활은 얼마나 불편할까요? 이런 물건들은 많은 사람들에게 큰 도움을 주고 있습니다.

또 생각해 보면 '과학'이란 것이 참으로 고맙기만 하답니다. 그 중에서도 우리에게 정확한 시간을 알려 주는 시계야말로 정말로 고마운 기계가 아닐까요?

시계는 시간을 재는 기구입니다. 물론 작은 기계이기도 하지요.

이 시계가 발명되기 전에는 우리 인간은 어떻게 시간 가는 것을 쟀을까요? 참으로 궁금한 사실이지요?

사람은 시계를 발명하기 전에도 시간을 재는 방법을 알고 있었습니다.

제일 처음 사용되었던 시간 재는 단위는 해가 뜨는 때와 지는 때였답니다. 그 이후에 사람들은 막대기나 돌, 혹은 나무의 그림자가 길어지거나 짧아지는 것으로 시간을 알았습니다.

또, 밤 하늘의 별이 움직이는 모양으로 시간을 알 수 있었다고 합니다. 밤이 깊어질수록 새로운 별이 계속 나타나고, 또 별자리가 옮겨지는 것을 보고 시간의 흐름을

안 것이지요.

아주 옛날, 이집트 사람들은 차례대로 나타나는 열두 개의 별에 맞추어 낮과 밤을 12로 나누었습니다. 하루를 24시간으로 나눈 것도 이 때부터 시작되었습니다.

굵은 나무에 끝이 뾰족한 것을 붙인 해시계를 만들어 하루를 24로 나눈 것이 최초의 시계랍니다.

그 다음엔 불이나 물을 이용하는 시계가 만들어졌습니다. 불이나 물로 어떻게 시간을 알았느냐고요?

이야기를 잘 들어 보세요.

처음에는 굵은 양초에 표시를 해 두고, 표시한 곳에서 다음 표시한 곳까지 녹아 내려오는 것을 보고 시간을 쟀다고 합니다. 또 접시 밑바닥에 작은 구멍을 뚫어 물 위에 띄워 놓는 방법도 있었습니다.

일정한 시간이 지나면 물로 가득 차게 된 접시가 물의 무게 때문에 가라앉게 되는데, 이것을 이용하여 시간을 쟀답니다.

지금부터 2천 년 전에는 모래 시계가 만들어졌습니다.

안쪽에는 둥근 모양으로 된 유리 그릇 두 개를 이어 놓고, 한쪽에서 다른 한쪽으로 모래가 천천히 떨어지도록

💙 옛날 이집트 사람들은 무엇으로 시간을 쟀습니까?

했지요. 그리고 위쪽 그릇에는 한 시간 동안 떨어질 만큼
의 모래를 넣어 두었습니다. 그리하여 위쪽의 모래가 모
두 떨어지면 1시간이 흐른 것을 알지요.

아주 재미있는 방법이었지요?

그 후 그리스와 로마에서는 물시계에 톱니바퀴를 달았

습니다. 그리고 그릇 안에 부표 같은 것을 띄워 두었습니다.

물이 한 방울씩 떨어져 고이면 그릇 안의 부표도 자연히 위로 올라가겠지요. 그리고 부표를 톱니바퀴에 연결시켜 놓으면 그 톱니바퀴가 바늘을 움직이게 됩니다.

이 물시계의 바늘이 얼마만큼 눈금 위로 움직이는가에

따라서 시간을 알 수 있었습니다.

이것이 지금 우리가 사용하고 있는 시계의 원리라고 할 수 있습니다.

오늘날 우리가 편리하게 쓰고 있는 시계의 틀, 즉 기계로 움직이는 시계는 그로부터 1400년 뒤에 발명되었다고 합니다.

이와 같이 우리 인간에게 편리한 물건이 한 가지씩 만들어지기까지는 몇백 년, 혹은 몇천 년의 오랜 세월이 걸렸습니다. 다시 말하면, 우리 선조들의 지혜가 쌓이고 쌓여 이루어 낸 업적이라고 할 수 있지요.

우리는 작은 물건 한 가지라도 쓸 때마다 그 물건을 만드느라 애쓴 사람들에 대한 고마움을 생각할 줄 알아야 하겠습니다.

♥ 시계가 만들어지기까지의 과정을 적어 봅시다.

사람이 하는 일이나 만든 물건이, 여러 사람에게 많은 도움을 주는 것을 '공익'이라고 합니다. 하나의 물건이 만들어지기까지 얼마나 많은 사람들이 땀흘렸는가 생각해야 합니다.

명언 한 마디!

한 알의 보리가 땅에 떨어져서 죽는다면 많은 열매를 맺으리라.

-성경 -

한 알의 보리가 그대로 남아 있다면 하나인 채로 끝나고 말지만 땅에 떨어져서 싹이 트면 수십 배의 보리알을 맺을 수가 있습니다. 인생도 마찬가지입니다. 남을 위해 열심히 일하는 사람은 보람도 몇십 배 크며, 수많은 사람들에게 행복과 웃음을 가져다 줍니다. 과학자들이나 발명가들은 수많은 날을 연구실에서 홀로 보냅니다. 이들의 노고와 고생이 없었다면 인류의 문명은 오늘날 이처럼 발전하지 못했을 것입니다. 우리도 무언가 다른 사람을 위해 일하는 삶의 여유를 가져야겠습니다.

송시열과 허목

우리 나라의 조선 시대에는 학자들의 당파 싸움이 심했다고 합니다. 특히, 숙종 임금 때는 그 어느 때보다도 당파 싸움이 가장 심했습니다.

그 때, 서인파의 우두머리는 우암 송시열이란 학자였고, 그 반대파인 동인파는 미수 허목이란 학자를 우두머리로 삼고 있었습니다.

그 당파의 세력 다툼은 오랜 세월에 걸쳐 뿌리를 내리고 있었습니다. 그래서 동인과 서인은 서로 원수처럼 지내고 있었습니다.

그런데 어느 날, 우암 송시열이 큰 병을 얻어 자리에 눕고 말았습니다. 그러자 집안 식구는 물론, 송시열을 받드는 많은 사람들은 용하다는 의원을 모두 불러들여 병을 고치려 애를 썼습니다.

하지만 송시열의 병은 조금도 낫지 않고 점점 깊어만 갔습니다. 가족과 그를 따르는 많은 사람들은 큰 걱정을 하였습니다.

그런 어느 날, 송시열이 이렇게 말하는 것이었습니다.

"내 병에는 백 가지 약을 써도 효험이 없네. 이제 내 병을 고칠 사람은 하나밖에 없네."

"그 사람이 누구십니까?"

송시열의 병환을 지켜 보고 앉았던 사람들이 궁금해 물어 보았습니다.

"바로 허미수라네. 그 사람은 내 병을 고칠 수 있을 것이니, 어서 가서 자초 지종을 말하고 약을 지어 오도록 하게."

허미수! 바로 그 사람은 송시열과 원수처럼 지내고 있는

미수 허목이 아닙니까? 둘러앉았던 사람들은 깜짝 놀랐
습니다.

"허목이라구요? 선생님, 그 일만은 절대로 안 될 말씀입
니다."

"그렇습니다. 그 사람은 우리를 원수로 알고 있는데 약
을 짓다니요?"

"그건 위험한 일입니다."

사람들은 모두가 펄쩍 뛰며 한결같이 반대
하는 것이었습니다.

그러나 송시열은 점잖게 자신의
뜻을 거듭 말했습니다.

♥ 송시열과 허목은 어떤 관계를 가진 사이였나요?

"죽어도 내가 죽을 것이니, 어서 다녀오도록 하게."

이 말을 듣고 가족들은 더 반대할 수가 없었습니다. 마침내 허목을 찾아가 사정 이야기를 하였습니다.

"허허, 우암이 큰 고생을 하는구먼."

허목은 눈을 감고 잠시 생각하더니 붓과 종이를 꺼냈습니다. 그리고는 붓을 들어 어떤 약을 쓰라고 그 방법을 상세히 적어 주었습니다.

"어서 가지고 가, 그대로 약을 써 보게."

금약

“선생님, 고맙습니다.”

송시열의 가족이 약 이름을 적은 종이를 가지고 집에 돌아와 펴 보니, 거기엔 뜻밖에도 위험하기 그지없는 극약들의 이름만 적혀 있었습니다.

“아니, 세상에 이런 일이 있나? 이건 먹으면 죽는 약이 아닙니까?”

“선생님, 저희는 처음부터 이럴 줄 알고 반대했던 것입니다.”

♥ 송시열이 허목에게 약 짓는 방법을 알아오라고 했을 때 왜 사람들은 반대했나요?

그러나 송시열은 주위 사람들의 말을 가로막으며 엄숙하게 말했습니다.

"너희가 무얼 안다고 함부로 지껄이느냐? 허목은 친구를 죽이려고 하는 졸장부가 아니니라. 어서 적어 보낸 대로 약을 지어 오너라."

가족은 마침내 허목이 적어 준 대로 약을 지어 와 환자에게 달여 먹였습니다.

그런데 이게 어찌 된 일입니까?

사람이 먹으면 죽을지도 모른다는 극약을 마시고 우암 송시열은 씻은 듯이 나아 일어났습니다. 참으로 신기한 일이었습니다.

이 광경을 본 사람들은 송시열과 허목의 깊은 우정에 감탄하였습니다.

비록 당파 싸움으로 서로 미워하는 사이였지만, 사람의 목숨을 귀중하게 여기는 허목의 넓은 마음을 송시열은 잘 알았던 것입니다.

♥ 송시열의 병이 낫자, 사람들은 어떤 생각을 하게 되었나요?

사람에게 가장 귀중한 것은 생명입니다. 귀한 사람이든 천한 사람이든 목숨은 하나밖에 없습니다. 그러므로 '생명 존중'을 첫째로 꼽는 것입니다.

헐뜯기 마을 사람들

이 세상 어디쯤에 '헐뜯기 마을'이 있습니다.

어디에 그런 마을이 있냐고요?

그건 굳이 밝힐 필요가 없습니다.

어쩌면 지금 우리가 살고 있는 마을일지도 모르지요.

어쨌든 '헐뜯기 마을' 사람들은 하루라도 남을 헐뜯지 않고는 견딜 수 없답니다.

맹순이가 학교에서 돌아오자, 맹순이 엄마는 얼른 맹순

이 책가방을 이것저것 챙기면서 물었습니다.

"맹순아, 오늘 학교에서 무슨 일 없었니?"

"없긴 왜 없어."

"무슨 일이 있었는데?"

"글쎄 있잖아? 우리 반에 배불뚝이 민구, 개가 전국 웅변 대회에 나가 우수상을 받았어. 그래서 커다란 상장과 누런 트로피를 갖고 와 자랑하잖아?"

"그래서?"

"선생님은 민구를 불러 내 칭찬을 해 주셨어."

"원 별꼴이야! 다른 아이라면 모르지만 그 정육점집 민구가 무슨 웅변을 한다고…… 정말 웃기네."

"엄마, 우리 반 아이들도 모두 비웃었어. 웅변은 쥐뿔도 못 하는 게 나가서 상을 받았다고 흉본걸."

"이 엄마도 웃음이 나온다."

민구가 웅변 대회에 나가 상을 받았다는 소문이 마을에 퍼지자 아이, 어른 할 것 없이 비웃고 헐뜯는 게 일이었습니다.

이번에는 다혜 엄마가 텔레비전 방송에 출연하였습니다. 다혜 엄마는 곱게 차려 입고 방송에 출연하여 아나운

서와 말을 주고받았습니다.

"반갑습니다. 다혜 어머니는 다혜를 과외 학원에 보내
지 않고 집에서 스스로 공부하도록 권유하신다고요?"

"그렇습니다. 아직 어리긴 하지만 다행히 다혜는 제 할
일을 스스로 잘 하기 때문에 학원에 보내지 않고 있습
니다."

"네, 참으로 훌륭한 가정 교육을 하고 계시군요."

방송국에 나와 이야기하는 다혜 엄마를 텔레비전에서

지켜 본 마을 여자들은 모두 배를 앓았습니다. 그리고 헐뜯기 시작하였습니다.

"원 세상에……. 저런 것 가지고 방송에까지 나와 떠들고 야단이지?"

"글쎄 말이어요. 요즘 세상에 아이를 학원에 안 보내는 것도 자랑인가?"

이 때, 다혜 얼굴이 텔레비전 화면에 나왔습니다.

다혜는 생글생글 웃으며 아나운서 아저씨가 묻는 말에 또박또박 대답했습니다.

텔레비전을 보고 앉은 마을 주부들은 모두 이런 마음을 가지고 있었습니다.

'우리 아이가 방송에 나갔으면 다혜보다 백 배는 잘하겠다.'

이 '헐뜯기 마을'에서는 한 달에 한 번씩 반상회를 합니다.

반상회란, 동네 어른들이 매월 한 차례씩 모여서 마을을 위한 좋은 의논도 하고, 또 어려운 일을 당한 집이 있으면 서로 도와 주고 어려움을 함께 나누는 것입니다. 뿐만 아니라 기쁜 일이 있으면 축하도 해 주는 것이지요.

그런데 이 마을 반상회는 정반대의 모임이랍니다.

마을 아낙네들이 남의 흉이나 불평 불만들을 마음 속에 한 보따리씩 가지고 나와 털어놓는 그런 시간이 되었습니다.

오늘은 반장일을 보고 있는 환수네 집에서 반상회가 열렸습니다.

"어서 오세요. 모두들 안녕하세요?"

환수 엄마는 여러분에게 인사를 했습니다. 그러나 그 표정은 여느 때의 그 익살스러운 얼굴이 아니었습니다.

환수 엄마는 무언가를 가득 적은 종이를 내놓고 조용히 말했습니다.

"여러분! 우리 고장이 어쩌다가 '헐뜯기 마을'로 소문이 났는지 모르겠습니다. 참으로 부끄럽기만 합니다. 오늘 저는 우리 마을에서 일어난 좋은 일, 기쁜 일 들을 적어 보았습니다. 이야기를 잘 듣고 여러분께서 모두 기쁜 마음으로 축하해 주시기 바랍니다."

반상회에 참석한 엄마들은 모두 귀를 쫑긋 세우고 반장인 환수 엄마를 바라보았습니다.

"지난 3일 우리 마을 '맛나니 정육점' 민구가 전국 학

생 웅변 대회에 나가 멋진 웅변으로 우수상을 받았다
는 소식입니다. 마침 민구 엄마가 저기 오셨네요. 우리
다 함께 큰 박수로 축하해 드립시다.”

그러면서 반장이 손뼉을 치자, 다른 엄마들도 얼떨결에
따라서 손뼉을 치는 것이었습니다.

얼굴이 빨개진 민구 엄마가 슬그머니 일어나
“이렇게 축하해 주시니 고맙습니다.”
하고 인사를 하였습니다.

반장은 또 다른 일을 소개했습니다.

“지난 10일날, 세탁소를 하는 딸막이네 막내딸 효순이
는 그 동안 병석에 누운 아버지를 병구완한 이야기를
수기로 써서 민주 신문에 보냈다고 합니다. 그런데 효
순이의 글이 1등으로 뽑혀 교육부 장관상을 받게 되었
답니다. 또 부상으로 10만 원의 상금도 받는답니다. 얼
마나 기쁜 일입니까?”

그러자 이번에는 엄마들이 와르르르 박수를 보냈습니다.

다혜 엄마가 텔레비전에 출연한 일, 춘봉이네 돼지가
아홉 마리의 새끼를 낳은 일, 소희 아빠가 회사에서 계장
으로 승진한 일 등 좋은 일, 기쁜 일이 한 가지씩 소개될

때마다 반상회에 나온 엄마들은 아낌없는 축하의 박수를
보내 주었습니다.

모두 기분이 좋았습니다.

반장인 환수 엄마는 매우 흐뭇한 마음으로 이렇게 말
했습니다.

"여러분! 이제 우리는 '헐뜯기 마을'을 '기쁨의 마을'
로 고쳐 갑시다. 그러면 우리는 날마다날마다 웃으며
살아갈 수 있을 거예요. 여러분, 어떻습니까?"

그러자 마을 사람들은 약속이나 한 듯이 소리쳤습니다.

"좋아요!"

말할 것도 없이 이 날의 반상회는 매우 화기애애하게
끝났습니다.

💙 '헐뜯기 마을'을 '기쁨의 마을'로 만드는 데 앞장
선 사람은 누구인가요?

'이웃 사촌'이란 속담이 있습니다, '이웃 사랑'은 이웃끼리 서로 돕고 사랑하며 정답게 살아가는 것을 뜻한답니다,

이러면 얼마나 좋을까요……

명언 한 마디!

마을의 인심은 어질고 착해야 한다. 어질고 착한 곳을
가려 살지않는다면 어찌 지혜로운사람이라 할 수 있으랴.

- 공자 -

사람은 환경의 영향을 많이 받습니다. 그래서 일찍이 맹자의
어머니는 아들을 위해 이사를 3번이나 하였습니다. 좋은 환경
에서 자란 사람은 나쁘게 될 수가 없습니다. 그러므로 예절에
밝고 배울 점이 많은 곳을 가려 살며, 착하고 지혜로운 사람과
우정을 나누어야 합니다.

추석 이야기

추석은 설과 함께 우리 겨레의 가장 큰 명절입니다. 추석을 '한가위' 혹은 '중추절'이라고도 합니다.

그것은 모두 추석과 같은 뜻의 말인데, 가을의 달 밝은 밤을 의미하기도 합니다.

우리 겨레는 본래 조상 대대로 농사를 지으며 살아왔습니다. 즉 우리 겨레는 농경 민족으로서 옛날에는 봄부터 논밭에 씨를 뿌리고 무더운 여름에는 김을 매며 열심히 곡식을 가꾸었습니다.

음력 8월이 되면 오곡 백과가 잘 여물어 추수를 하게 됩니다. 그러므로 이 시기는 1년 중 가장 먹을 것이 풍요로워 마음 흐뭇한 때입니다.

우리 겨레는 새로 거두어들인 곡식과 과일로 조상님께 차례를 올리고 성묘를 하는 아름다운 풍습을 지켜 오고 있습니다.

추석을 최대의 명절로 삼은 것은 아득히 먼 삼국 시대부터였습니다.

〈삼국사기〉란 역사책에 의하면 신라 3대 유리왕 때, 신라의 서울 서라벌의 부녀자들이 두 패로 나뉘어 음력 7월 15일부터 8월 15일까지 공동으로 길쌈(베짜기)하기를 겨루었습니다.

그리하여 마지막 날인 8월 15일에 진 편이 이긴 편에게 음식을 대접하면서 한데 어울려 한판 즐겁게 놀았습니다. 이런 것이 오늘의 한가위 명절로 이어져 내려오게 된 것입니다.

추석이 가까워 오면 자손들은 낫을 들고 조상의 묘를 찾아가 벌초를 합니다.

♥ 추석 명절은 언제, 어디서 시작하였나요?

1년 내내 자란 무성한 풀을 깨끗이 베어 내는 것을 '벌초'라고 하는데, 이 아름다운 풍습은 지구상에 우리 겨레만이 지니고 있는 자랑이기도 합니다.

추석이 되면 '민족의 대이동'이라고 할 만큼 도시 사람들은 시골 고향을 찾아가 일가 친척과 더불어 즐겁게 명절을 보내고 돌아옵니다.

우리 겨레가 추석에 즐기는 민속놀이는 종류가 매우 다양합니다.

특히 추석 때 펼치는 놀이인 줄다리기, 강강술래, 원님놀이, 소놀이, 거북놀이 등은 여간 흥겨운 것이 아닙니다.

위의 놀이들은 대개 한 마을을 단위로 해서 놀이에 직접 참여하는 사람과 둘러서서 구경하는 사람들이 한데 어울어져 모두가 즐기게 됩니다.

가령, 남자들의 놀이인 소놀이, 거북놀이만 해도 그렇습니다.

남자(젊은이)들이 농악대를 앞세우고 마을을 돌며 흥을 돋우다가, 그 해 농사가 잘 된 집이나 부잣집을 찾아갑니다. 그러면서 그 중간 중간에 신나는 놀이가 벌어집니다.

소놀이는 두 사람이 멍석을 쓰고 소 흉내를 내며 덩실덩실 춤을 추면서 마을에서 가장 일을 잘한 사람을 태워, 그 동안의 수고를 칭찬하는 놀이입니다.

줄다리기는 근래에 도시 사람들이나, 학교에서 학생들이 즐겨하는 놀이입니다.

이 놀이는 본시 한 마을에서 편을 가르거나, 몇 개의 이웃 마을 장정들이 편을 갈라 긴 밧줄을 당겨서 승부를 가르는 놀이입니다.

참여하는 사람의 수에 어울리는 밧줄이 필요하므로, 많은 짚을 거두어 굵은 밧줄을 꼬는 일부터 시작하여 어른 아이 할 것 없이 모든 마을 사람들의 협동으로 이루어집니다.

강강술래는 밝은 보름달 아래서 판이 벌어집니다. 부녀자(특히 처녀)들이 고운 한복을 차려 입고 둥그렇게 둘러서서, 손과 손을 잡은 채 빙빙 돌며 흥겨운 노래를 부르는 여성의 대표적 놀이입니다.

특히, 이 놀이는 전라도 지방에서 유래되어 지금은 전국적으로 행해지고 있습니다. 이 강강술래는 임진왜란 때 이순신 장군이 왜군을 물리치고 승전을 축하한 놀이로도 유명합니다.

이 밖에도 씨름, 그네뛰기, 널뛰기, 돌싸움 같은 놀이도 있습니다.

팔월 추석은 분명 조상의 날이요, 민족의 명절입니다.

세계 어느 나라에서도 찾아볼 수 없는 아름다운 우리의 풍습을 길이 이어 가야 할 것입니다.

사람은 벌이나 개미처럼 한데 어울려 힘을 모아 살아갑니다. 이렇게 서로 도와 주며 살아가는 정신을 '공동체 의식'이라 합니다.

헐뜯기 마을 사람들

초판 1쇄 발행 2005년 6월 20일
초판 4쇄 발행 2010년 5월 25일

기획 | 청소년인성문고편찬회
글 | 김종상 소중애 송재찬 엄기원 정영애 홍기
그린이 | 김태란
표지디자인 | 강대현

펴낸이 | 조병철
펴낸곳 | **한국독서지도회**
등 록 | 1997년 4월 11일 (제10-1425호)
주 소 | 경기도 고양시 일산동구 장항동 580
TEL | 031-908-8520
FAX | 031-908-8595
홈페이지 | www.homebook..kr
